PARAVIÉDÈS,

DRAME EN TROIS ACTES, TIRÉ DU ROMAN DE LA CARTE JAUNE DE M. EUGÈNE CHAPUT,

Par Mme ***,

Représenté pour la première fois, à Paris, sur le théâtre du Panthéon, le 18 février 1837.

PERSONNAGES.	ACTEURS.	PERSONNAGES.	ACTEURS.
PARAVIÉDÈS, banquier espagnol.	M. Constant.	LÉNIDA PARAVIÉDÈS	Mme Delcourt.
GASTON DE SAVIGNY	M. Saint-Hilaire.	LA BARONNE D'OMBRE	Mme Dupont.
VERNAUT, curé de champagne. .	M. Segond.	FANNY, sa nièce.	Mme Abel.
GUISGNAC, garde-champêtre. . .	M. Williams.	MARIETTE, femme de chambre.	Mlle Éléonore.
RAIBIÉ, jardinier	M. Roger.		

ACTE PREMIER.

Le théâtre représente un appartement chez Paraviédès.

SCÈNE PREMIÈRE.
MARIETTE, puis GASTON.

MARIETTE, *à la cantonnade.* Oui, madame, je vais m'en informer. (*Redescendant.*) Ma maîtresse devient de plus en plus fantasque ; allons, il faut exécuter ses ordres... Voyons si M. Gaston de Savigny... mais je ne me trompe pas... dans la cour... cet élégant tilbury... ce cheval gracieux... ce groom imperceptible.. oui, c'est de trop bon goût pour ne pas appartenir à Gaston.

GASTON, *entrant.* Mariette, M. Paraviédès est-il chez lui ?

MARIETTE. Non, monsieur ; mais il ne peut tarder à rentrer ; veuillez aller l'attendre chez madame.

GASTON. Non, non, Mariette, je ne puis ; excusez-moi près de madame... ou plutôt ne lui dites pas que je suis venu... car... une affaire indispensable...

MARIETTE. Et ma maîtresse n'aurait qu'à apprendre que je vous ai parlé. Non, monsieur, il faut... (*On entend une sonnette*) Tenez... elle va vouloir que je lui dise avec qui je causais... et...

GASTON. Je ne puis, te dis-je.

Il va pour sortir.

MARIETTE, *riant.* Ah ! mon Dieu ! est-ce que deux beaux yeux andalous vous font peur ?...

GASTON. Mariette !...

MARIETTE, *se moquant de lui.* Mariette ! Cet air est un peu hautain, mais il vous sied bien.

GASTON, *plus doucement.* Allons, tu diras à M. Paraviédès que je reviendrai bientôt...

On sonne encore.

MARIETTE. Oh! je vois, au coup de sonnette, que madame a aujourd'hui les nerfs irrités. Vous allez me faire gronder, monsieur; vous si bon, si aimable... quand vous voulez...

GASTON. Ah! tu m'impatientes, à la fin... je pars.

SCENE II.

Les Mêmes, LENIDA.

LENIDA. Eh bien! Mariette, je vous attends... pourquoi... Ah! monsieur Gaston de Savigny...

GASTON. Oui, madame, qui aurait désiré attendre auprès de vous M. Paraviédès, mais que des affaires indispensables...

LENIDA, *d'un ton léger.* Ah! vous ne quitterez pas ainsi une pauvre recluse, qui n'a que trop rarement la bonne aubaine de causer avec d'autres personnes que sa femme de chambre... Epouse d'un banquier, dont les affaires absorbent tout le temps, ne pouvant jouir des distractions que sa position dans le monde devrait lui procurer, puisque ce banquier est Espagnol.. et par conséquent jaloux...

GASTON, *souriant.* Et c'est précisément pour cela... je ne veux pas exciter sa jalousie...

LENIDA. Vous savez bien qu'il vous regarde comme un frère... ou plutôt comme un fils... car il n'est pas bien jeune, mon cher mari.

MARIETTE. Mais il est bien bon...

LENIDA, *avec hauteur.* Qui vous demande votre avis?... laissez-moi seule; et puisque monsieur Gaston n'ose pas venir chez moi attendre mon mari; c'est moi qui lui tiendrai compagnie, jusqu'à l'arrivée de M. Paraviédès.

Mariette sort.

GASTON, *à part.* Ah! mon Dieu! je ne puis éviter cet entretien... et quand je pense que ce soir même...

Pendant ce temps Lenida s'est assise dans un fauteuil, et, en montrant un à Gaston, elle lui dit, mais d'un ton qui ne tient rien de la légèreté qu'elle a affectée jusqu'à présent.

LENIDA. Prenez un siége, Gaston... je veux avoir un entretien avec vous; et quoique l'endroit soit peu propice... (le cabinet de mon mari) c'est vous qui l'avez choisi.

GASTON. Quel ton solennel, Lenida?

LENIDA, *avec tendresse.* Tu te rappelles donc encore mon nom?

GASTON. Plus bas, si l'on nous entendait!...

LENIDA, *ironiquement.* Oh! qu'il est devenu craintif, le brillant et l'audacieux garde du corps de la compagnie de Grammont; qu'il est devenu craintif, l'étourdi, l'imprudent, l'aventureux Gaston de Savigny.

GASTON, *souriant.* Dam! c'est que le brillant garde du corps de la compagnie de Grammont est maintenant négociant, grâce aux conseils de votre mari; c'est que l'aventureux, l'audacieux Gaston n'est plus en Espagne, en soldat ennemi des Espagnols, et ami de leurs femmes, mais en France, et lié de la plus étroite amitié avec celui qu'il regardait comme tout naturel de... tromper dans son pays.

LENIDA. Vous êtes devenu bien scrupuleux, Gaston. Mais si je ne me trompe, ce scrupule ne vous est venu que depuis le bal que votre courtoise compagnie donna à Saint-Germain, et où se trouvaient Mme la baronne d'Ombré et sa nièce.

GASTON, *se levant.* Vous vous trompez, Lenida... je...

LENIDA. Reprenez donc votre place, Gaston... vous me feriez croire que j'ai deviné juste. Laissez-moi le doute, au moins.

GASTON. Vous vouliez me parler, Lenida, sur quel sujet?

LENIDA. Tu peux me le demander?... Sur ton indifférence... Est-ce ainsi que tu tiens les sermens brûlans qui embrasèrent le cerveau de Lenida, lorsque, tranquille dans mon pays, je vivais heureuse dans mon ménage, pure et chaste comme la mère de Dieu... Eh bien! non, plus de reproches... j'ai dû te céder, tu étais beau, brave, vainqueur. Si tu savais tout ce que je souffris lorsque mon mari, prenant, je ne sais pourquoi, une résolution subite... vint s'établir en France, à Paris. « Au revoir, me disais-tu; nous ne pouvons pas ne plus nous aimer, au revoir, Lenida. » Je partis avec un peu moins de chagrin; une lueur d'espoir éclairait faiblement le noir chaos de ma pauvre tête... Je te revis ici... A notre première entrevue, ces paroles consolantes tombèrent dans mon oreille, comme une goutte d'eau dans le calice d'une fleur. « Je te l'avais bien dit, au revoir. » J'étais folle de joie.... et.... depuis ce bal.... un changement total.... une froideur!... T'ai-je fait quelque chose?... suis-je moins belle?.. oh! dam!

on ne pleure pas à chaque instant du jour un infidèle sans que les traits perdent de leur fraîcheur ; mais c'est ta faute, Gaston, ce n'est pas la mienne.

GASTON. Tu te méprends sur la cause de ma conduite, Lenida ; écoute, je te connais, tu penseras comme moi.

LENIDA. Je t'écoute... mais sois franc, Gaston.

GASTON. En 1823, j'entrai en Espagne, étourdi... c'était mon âge... brave... qui ne l'est pas ?.. le cœur aimant... j'étais né et élevé en France... Je vis à Cadix une Espagnole se rendant au temple, une mantille recouvrait coquettement sa tête, que des épaules au contour ravissant portaient avec grâce et fierté... je la suivis ; elle s'agenouilla devant Dieu... moi je m'agenouillai devant elle, et lorsque son doigt effilé prit l'eau consacrée... je vis un front blanc, encadré dans des cheveux d'ébène. Elle jeta quelques aumônes aux mendians, et disparut ! Je m'informai de son nom. «C'est, me dit un de ces pauvres, la femme du riche banquier Paraviédès, aussi sage que belle. » Et son mari, quel âge a-t-il ? « Cinquante ans environ. » Son caractère ? « Religieux, enthousiaste. » Est-il jaloux ? « Il est Espagnol, » me répondit le mendiant d'un ton sombre. Alors ma tête de vingt ans s'enflamma ; cette conquête me paraissait préférable à celle de l'Espagne ; peines, dangers, je bravai tout ; les obstacles redoublaient ma passion ; et l'heureux Gaston crut faire une action toute patriotique en transformant un banquier espagnol en un mari parisien...

LENIDA. Ce ton léger...

GASTON. C'est vrai... pardon... c'est un reste d'habitude. Le mari se douta-t-il de quelque chose ? oh ! non... car il m'eût provoqué... et ..

LENIDA. Un Espagnol ne provoque pas, il se venge... et il n'a rien su puisqu'il ne s'est pas vengé...

GASTON. N'importe ; il vous emmena en France, et je hâtai de mes vœux mon prompt retour. Je vous revis, Lenida, plus belle que jamais ; mais ce n'est plus en ennemi forcé de sourire au vainqueur, que je revis votre mari ; non, ce fut en ami, et, vous le dirai-je, ses bontés m'ont fait rougir de ma conduite...Si vous saviez combien de preuves d'amitié il m'a données, il me donne tous les jours... aujourd'hui même... en ce moment. Oui, ce que n'auraient pu faire les verroux, le poignard, les menaces... un regard de bonté l'a opéré... J'aime M. Paraviédès... et,

croyez-moi, Lenida, l'amitié est capable du plus grand des sacrifices.

LENIDA. A merveille, Gaston... vous êtes adroit... mais le cœur d'une femme est clairvoyant.... Gaston, un seul mot.... un seul... m'aimes-tu toujours ?

GASTON. Qui pourrait ne pas vous aimer ?...

LENIDA. Tu m'aimes !... oh ! que ce mot me fait de bien... Gaston, rappelle-toi ces momens d'amour et de crainte, où tu saisissais ton épée, lorsque le vent, se glissant comme un serpent à travers ces bosquets épais, venait agiter tes cheveux si beaux... Vingt fois nous croyions être surpris, vingt fois ces craintes passagères étaient effacées par un baiser de toi... (*Elle l'enlace dans ses bras.*) Oh ! oui, tu m'aimes toujours... car tes yeux brillent au souvenir de ces instans de bonheur ; et moi, je crois que je t'aime plus que jamais... oui, je... (*On entend un meuble tomber dans la chambre voisine. Tous deux restent pétrifiés.*) As-tu entendu ?

GASTON. Quelqu'un nous écoutait-il ?

LENIDA. Va... va voir... serait-ce lui ? (*Il y va.*) Arrête... si c'était lui... il te poignarderait...

GASTON. Y penses-tu ?

LENIDA. Ah ! sa confiance en moi est si grande !... s'il découvrait...

GASTON. Rien... rien... le vent aura renversé ce meuble léger... (*La prenant par la main.*) Vous le voyez, Lenida... toujours la terreur se mêle à nos entretiens, et en détruit tout le charme.

LENIDA. C'était de la terreur qui en faisait le charme autrefois.

GASTON. Nous avons été souvent imprudens... Lenida... il faut que vous me promettiez...

LENIDA. Quoi ?

GASTON, *avec douceur.* Tenez... voici les lettres que souvent votre passion, dont je m'honore, avait dictées...mais une seule égarée pouvait compromettre votre repos, et j'y tiens tant ! le feu doit les consumer ; que ce feu soit allumé par vous... moi, je n'aurais pas le courage d'anéantir ce qui me causa si souvent d'agréables rêveries... mais en revanche... veuillez me remettre les miennes... vous savez que ce n'est pas pour moi que je crains... mais je ne serai rassuré sur votre sort que lorsque je saurai que rien ne peut le compromettre.

LENIDA, *les larmes aux yeux.* C'est donc une rupture ?

GASTON, *embarrassé.* Non...non... Lenida... mais la prudence. .

LENIDA. Je vous entends... monsieur... Ah! Gaston !

UN DOMESTIQUE, *entrant.* La voiture de monsieur entre dans la cour.

GASTON. Eh bien! Lenida?

LENIDA. Vous les aurez aujourd'hui même.

SCÈNE III.
Les Mêmes, PARAVIÉDÈS.

PARAVIÉDÈS. Vous ici, mon cher Gaston!.. ah! j'allais envoyer chez vous, j'ai à vous parler.

GASTON, *à part.* Il m'apporte la vie ou la mort.

PARAVIÉDÈS. Bonjour, ma bonne Lenida... tu parais agitée... souffrirais-tu ?

LENIDA. Oui.. je ne me sens pas bien, et...

PARAVIÉDÈS, *avec empressement.* Mariette, Pèdre... holà! vite! mon meilleur cheval, et chez le docteur de madame.... ou plutôt le carrosse, vous amènerez le docteur avec vous.

LENIDA. C'est inutile... ce n'est qu'une indisposition.

PARAVIÉDÈS. Je crains tant de te voir malade... ah dam! monsieur Gaston, si vous vous mariez, vous verrez comme on s'attache insensiblement à ces vilaines créatures qui vous font souvent damner, et dont on ne peut se passer... c'est votre existence, c'est votre tout...

GASTON. Tout le monde n'a pas le bonheur de rencontrer une Lenida.

PARAVIÉDÈS. Ah! flatteur... mais vous avez raison... il n'y en a pas beaucoup comme elle... Allons, va te reposer... et quand nous aurons fini nos affaires; ce qui du reste t'amuserait peu, des affaires commerciales... eh bien! je t'enverrai peut-être Gaston, notre ami commun, te tenir compagnie.

GASTON, *à part.* Cette confiance me tue... oh! oui, mon parti est bien pris.

PARAVIÉDÈS. Allons, laisse-nous.

Il l'embrasse au front. Elle sort.

SCÈNE IV.
PARAVIÉDÈS, GASTON.

GASTON. Eh bien! quelles nouvelles ?

PARAVIÉDÈS. Eh bien! je sors de chez Mme la baronne d'Ombré.

GASTON. Et le... résultat...

PARAVIÉDÈS. Attendez... procédons par ordre. (*Il prend ses lettres déposées sur le bureau et en décachète plusieurs.*) Ah! voyons de Marseille...«Le bâtiment *la Fortune*, est est en rade... une estafette expédiée aussi-tôt après le débarquement, arrivera, quelques heures au plus, après le courrier qui vous apporte cette lettre. » Bonne nouvelle, Gaston... aujourd'hui même vous serez riche...

GASTON. Et Mme la baronne d'Ombré?

PARAVIÉDÈS. Ah! voilà!.. tête de jeune homme... c'est aujourd'hui le jour décisif, laissez-moi mettre de l'ordre dans notre entretien... noble Gaston de Savigny.... vous avez bien voulu descendre à la condition de commerçant.

GASTON. Ce n'est pas déroger... mais pourtant, il est vrai qu'on est loin de se douter dans la compagnie de Grammont que Gaston attend aujourd'hui de l'arrivée d'un navire son bonheur ou son désespoir; et c'est bien naturel... une perte de cinquante mille francs pour vous serait une bagatelle.... mais moi, c'est tout ce que je possède.

PARAVIÉDÈS. Pourquoi devenez-vous amoureux de la nièce de la baronne d'Ombré, d'une femme qui ne songe qu'à elle, qui sacrifiera sa nièce, qui sacrifierait tout pour quelques écus de plus... vous me confiez votre position; j'ai cinquante mille francs, dites-vous... ce n'est pas assez pour Mme la baronne ; il lui en faudrait pour le moins trois fois autant.

GASTON. Oh! alors, avec quelle générosité vous m'avez offert cette spéculation qui peut quadrupler ma petite fortune.

PARAVIÉDÈS, *avec bonté.* Je vous voyais si désolé... oui, je crois l'affaire sûre, et ce soir, deux cents beaux billets de banque seront déposés aux pieds de la baronne d'Ombré.

GASTON. Et depuis que mon faible patrimoine court les chances de la fortune, qui est-ce qui m'a mis à même de tenir un rang qui éblouissait Mme la baronne?.. vous.

PARAVIÉDÈS. A quoi servirait d'avoir des amis, si on ne les trouvait au besoin ? .. Ainsi donc, j'ai vu la baronne... ah! vous n'osez plus m'interrompre... vous craignez qu'un souffle ne ternisse la glace dans laquelle vous voulez voir... eh bien! vous avez raison... M. le marquis de Salné, agé de soixante ans, riche à millions, doit épouser ce soir Mlle Fanny d'Ombré.

GASTON. O ciel! que dites-vous ?

PARAVIÉDÈS. *Doit* épouser... mais il ne l'épousera pas... car si, comme c'est certain, la nouvelle que nous attendions est favorable, ce soir l'heureux Gaston *épousera* Mlle Fanny d'Ombré.

GASTON. Je ne comprends pas.

PARAVIÉDÈS. Il faut bien faire vos affaires, puisque vous n'avez jamais osé déclarer votre amour à la jeune personne.... vous tremblez !.. un militaire!.. Présumant que je trouverais ici cette lettre, j'ai prié Mme la baronne de se rendre chez moi... un banquier!.. ce n'est pas se compromettre... elle qui fait de ce mariage une affaire d'argent... elle sera ici sous quelques instans avec Fanny... Allons, voilà déjà le tremblement qui vous reprend... j'emmènerai Mme la baronne au jardin... Fanny nous attendra ici... M. Gaston sera caché dans ce cabinet, et pendant que nous conclurons les affaires d'intérêt, avancez celles du cœur... osez vous déclarer...

GASTON. Mais vous êtes trop bon... comment reconnaître...

PARAVIÉDÈS. N'est-il pas vrai que c'est singulier de voir un vieillard de cinquante-cinq ans employer les ruses d'un jeune homme pour favoriser une entrevue à deux amoureux... eh ! c'est que le corps est vieux... mais l'ame est toujours jeune... j'aime ma Lenida... voyez-vous, à l'égal de Dieu, et je conçois votre tourment.

GASTON, *à part.* Et je trahirais désormais ce brave ami... plutôt mourir... d'ailleurs Fanny... Fanny... oh ! ma tête se perd.

UN DOMESTIQUE. Mesdames d'Ombré.

PARAVIÉDÈS. Je cours leur donner la main... vous, vite dans ce cabinet.

Gaston entre dans le cabinet. Paraviédès va au-devant de ces dames.

SCENE V.
Mme D'OMBRÉ, FANNY, PARAVIÉDÈS.

PARAVIÉDÈS, *donnant la main à la baronne.* Ah ! madame la baronne, que je suis flatté de l'empressement que vous avez bien voulu mettre à vous rendre chez le banquier Paraviédès.

LA BARONNE. Vous savez que nous avons peu de temps à perdre, et ce soir même...

FANNY, *à part.* Je croyais le trouver ici.

PARAVIÉDÈS. Vous ignorez, mademoiselle, ce dont il s'agit... et je crois nécessaire de vous mettre au fait.

LA BARONNE. Pourquoi?.. Fanny sait que sa tante n'a en vue que son bonheur, et elle se laissera aveuglément guider par elle.

FANNY, *timidement.* Oui, madame la baronne.

PARAVIÉDÈS. Alors, puisque vous l'exigez, je me tairai, mais voudriez-vous accepter mon bras, madame d'Ombré, nous passerons dans le jardin... mademoiselle, je vous demande pardon... mais voici les journaux de modes, veuillez les parcourir; ma femme va venir vous tenir compagnie. Ah ! permettez, madame, que je prenne cette lettre dont je vous ai parlé... mais je suis confus, mademoiselle.

LA BARONNE. Pas tant d'excuses, monsieur Paraviédès... Fanny, attendez-nous ici.

Ils sortent.

SCENE VI.
FANNY, *puis* GASTON.

FANNY. Que se trame-t-il donc contre moi ? je suis toute tremblante... et lui... lui que j'espérais voir ici... eh ! pense-t-il à moi seulement?..

GASTON. C'est elle ! ô mon Dieu ! donne-moi du courage... (*Haut.*) Mademoiselle Fanny !

FANNY. Vous, vous ici... permettez-moi de m'éloigner.

GASTON. Eh quoi ! ma vue vous cause de l'effroi!... pardon, pardon... je me retire.

FANNY, *précipitamment.* De l'effroi!.... non... non, monsieur Gaston... vous vous méprenez.

GASTON. Vous me permettez donc de rester?

FANNY. Je n'ai pas dit cela.

GASTON. Fanny, depuis ce bal de Saint-Germain, où j'eus le bonheur de danser avec vous, voilà la première fois que je vous revois seule... j'avais mille choses à vous dire, et maintenant, les mots se heurtent, les idées se confondent, les souvenirs se pressent, et je ne puis trouver une parole.

FANNY. Remettez-vous, monsieur Gaston... voyons... qu'avez-vous à me dire?

GASTON. Vous rappelez-vous ce bal?

FANNY. Oh ! oui, je me le rappelle, moi qui sortais pour la première fois de la maison royale de Saint-Denis... quel plaisir j'éprouvais à danser... ces lumières, ces brillans uniformes, tout était nouveau pour moi... mais ce qui ne peut s'effacer de ma mémoire, c'est cette dame si jolie, vêtue de noir, une Espagnole, disait-on, qui attirait tous les regards par la grâce qu'elle déployait en exécutant une danse de son pays, moi, confondue dans la foule, je me surprenais presque à envier ces hommages que tout le monde lui rendait à juste titre.

GASTON. Oui... je crois me rappeler...

FANNY. Oh ! vous ne devez pas l'avoir oubliée, car je vous vis sortir avec elle..

GASTON. Quoi? l'on s'aperçut...

FANNY, *ingénument*. Oh! non, pas tout le monde, mais moi... et lorsque vous... lorsque cette Espagnole fut sortie, je ne sais pourquoi, mais je ne m'amusais plus; ces lumières qui m'avaient éblouie me semblaient ternes... ces uniformes que j'avais trouvés si beaux ne flattaient plus ma vue, et lorsque ma tante voulut partir, j'étais contente, moi qui croyais avoir tant de peine à quitter le bal.

GASTON. Moi aussi, quand je revins, je cherchai vainement ma jolie danseuse, elle avait disparu, et depuis je ne la revis plus seule... et sans l'amitié de M. Paraviédès...

FANNY. Est-ce que vous connaissiez ce qu'il a à parler toujours en particulier à ma tante.

GASTON. Sans doute il parle de mon bonheur à venir. (*A part.*) Oui, j'aurai le courage de lui dire à quel point je l'aime. (*Haut.*) Apprenez...

SCENE VII.

LES MÊMES, LENIDA.

LENIDA, *à part*. J'en étais sûre.

GASTON, *à part*. Lenida! quel contre-temps!

FANNY. Que vois-je? la belle Espagnole du bal de Saint-Germain.

LENIDA. L'épouse du banquier Paraviédès, mademoiselle.

FANNY, *à part*. Il semblait ne se rappeler qu'à peine cette dame, et il vient tous les jours ici... que signifie?

LENIDA. Ah! vous n'avez pas oublié la danse de l'étrangère?

FANNY. Elle était si gracieuse! il y avait tant d'abandon! tous les hommes vous admiraient.

LENIDA. Oui, tous m'accablaient d'hommages... une autre femme en eût été fière... mais moi, (*regardant tendrement Gaston*) je ne voulais plaire qu'à un seul.

FANNY, *naïvement*. A votre mari, madame?

LENIDA, *rougissant*. Oui... oui, mademoiselle, à mon mari..... mais comment se fait-il que vous soyez seule ici?

FANNY. Ma tante est dans le jardin avec votre mari, madame; mais elle ne devait être qu'un instant, et je vais...

LENIDA. D'ailleurs, quels secrets peuvent-ils avoir pour vous?

FANNY, *en sortant, à part*. Je ne sais, mais cette femme me déplaît.

SCENE VIII.
GASTON, LENIDA.

GASTON, *à part*. Ah! pourquoi faut-il que Lenida...

LENIDA, *à part*. Il l'aime! j'en étais sûre.

GASTON. Eh bien! Lenida... avez-vous pensé... et ces lettres?..

LENIDA. Ah! votre mémoire est excellente, Gaston... les voici... (*Gaston les prend.*) Mais une chose me trouble au dernier point, Gaston, il en manque deux.

GASTON. Serait-il possible?.. que signifie.. êtes-vous sûre de votre femme de chambre?

LENIDA. Elles étaient dans un coffre dont moi seule je connais le secret... que peuvent-elles être devenues?

GASTON, *distrait*. Oh! vous les retrouverez, je n'en doute pas... (*A part.*) Mais Mme la baronne d'Ombré vient de ce côté, elle qui me lance toujours des regards si sévères... je n'ose...

Il va pour sortir.

LENIDA. Restez, restez, Gaston, je le veux... eh quoi! lorsqu'il s'agit d'une perte qui peut tant compromettre mon honneur, ma vie... vous...

GASTON. Je reviendrai, je reviendrai... mais il faut... il n'est plus temps... la voici... je tremble.

SCENE IX.
LES MÊMES, PARAVIÉDÈS, LA BARONNE, FANNY.

LA BARONNE. Ainsi je vous attends ce soir, monsieur Paraviédès, avec madame votre épouse!.. Vous ici, monsieur Gaston!

GASTON, *à part*. Je puis à peine me soutenir.

LA BARONNE, *d'un air gracieux*. Nous ferez-vous l'honneur d'accompagner M. Paraviédès?

GASTON. Qu'entends-je?

LA BARONNE. Fanny, M. Gaston hésite, décide-le.

GASTON. Oh! non, madame, j'accepte.

LA BARONNE. Ce soir... chez moi...

Paraviédès reconduit les dames. Gaston suit des yeux Fanny. Il est au comble de la joie. Lenida lui prend la main avec énergie.

LENIDA. Il manque deux lettres..... monsieur...

GASTON. Oh! vous les trouverez, madame... (*A part.*) Moi! moi! chez elle! et c'est sa tante elle-même!.. ah! j'en perdrai la tête...

LENIDA, *à part*. Ces deux lettres... qui peut les avoir prises?..

GASTON. Puisque vous seule connaissiez le secret du coffre!..

Paraviédès rentre.

PARAVIÉDÈS. Victoire! victoire! Gaston!..

GASTON. Ah! comment reconnaître.... vous êtes mon Dieu!..

PARAVIÉDÈS. Allons, vite en tilbury... le costume de rigueur, et dans une heure ici... (*Gaston va pour sortir.*) Ah! deux mots, Gaston... (*bas*) on jouera... notre grande nouvelle va arriver; mais les fonds peuvent ne pas être disponibles à l'instant même... prenez... prenez ce portefeuille... quelques billets de mille francs s'y trouvent... un fiancé doit faire figure et perdre noblement.

GASTON. Chacune de vos actions me confond... mais comment avez-vous pu...

PARAVIÉDÈS. C'est tout simple. Ce soir, on signait le contrat avec le marquis de Salné, j'ai montré la lettre qui m'annonce que dans quelques heures... vous aussi, vous serez riche, j'ai fait valoir vos qualités, mauvais sujet, et...

GASTON. Paraviédès..... ma vie est à vous.

PARAVIÉDÈS. C'est ce que nous verrons. Allons, à la toilette.

Gaston part comme un fou.

SCENE X.
PARAVIÉDÈS, LENIDA.

LENIDA, *à part.* Eh bien! il part, et sans songer que je cours un danger de mort... il ne m'aime plus... l'ingrat... oh! ma tête!... ma tête!...

PARAVIÉDÈS. Part-il heureux... ce cher Gaston!.. Ah ça! tout ceci doit te paraître inexplicable... tout a été conduit dans le plus grand secret. Mais maintenant je veux te mettre au fait.

LENIDA. Je suis peu curieuse, vous le savez..... d'ailleurs ne dois-je pas songer à ma toilette?

PARAVIÉDÈS. Ah! nous avons le temps. Figure-toi que ce pauvre de Savigny aime Fanny à en perdre la tête.

LENIDA, *à part.* O mon Dieu! donne-moi du courage.

PARAVIÉDÈS. Il avait trop peu de fortune pour songer à sa main. Cinquante mille francs! par mes soins... ses capitaux seront quadruplés, et j'enlève Fanny au marquis de Salné, à un vieillard de soixante ans, qui avait l'impudence de vouloir l'épouser...

LENIDA. Je désire me retirer, monsieur, et...

PARAVIÉDÈS, *riant.* Dis, n'est ce pas qu'il y a de l'impudence de vouloir unir un siècle qui finit avec un siècle qui commence? Je sais bien que tu pourras me dire : mais vous?.. Ah! moi... c'est différent... j'ai trouvé un trésor... une femme comme ils en trouveront difficilement dans leurs dames françaises... Oui, si j'ai eu la faiblesse du vieux marquis de Salné, c'est que je te connaissais, c'est que je me sentais de la verdeur, de l'énergie dans le caractère... ce de Salné, sa femme le tromperait?... eh bien! qu'y ferait-il?... né dans ces pays tièdes, il prendrait son parti tièdement... il pleurerait peut-être... Moi, je sentais que si ma femme devait me tromper un jour... qu'un jeune homme de vingt ans n'aurait pas eu mon énergie pour me venger : c'eût été pour elle et pour lui une mort continuelle, une mort morale de tous les instans... Quand ils n'auraient plus eu de larmes dans le corps à verser... là seulement le sang aurait commencé à couler...

LENIDA, *à part.* Il me fait trembler.

PARAVIÉDÈS, *riant.* Mais, vois-tu, moi, le plus doux de tous les hommes, je m'emporte contre un malheur imaginaire; mais je ne veux pas te retenir plus long-temps... Oh! je t'en prie, mets une de tes toilettes espagnoles, une de celles qui te vont si bien... qui me rappellent tant mon pays...

LENIDA, *en sortant.* Oh! ces lettres!.... que sont-elles devenues?

SCENE XI.
PARAVIÉDÈS, *allant à son bureau.*

Allons, quatre heures, je n'ai pas de temps à perdre. (*Il sonne en écrivant; un domestique entre.*) José est-il là?

LE DOMESTIQUE. Oui, monsieur.

PARAVIÉDÈS. Bon! qu'il se tienne prêt. Il a ses instructions, et au moment seulement où M. Gaston de Savigny entrera dans la cour, qu'il exécute mes ordres...

LE DOMESTIQUE. Il suffit!

Il sort.

PARAVIÉDÈS. Ce cher Gaston... comme il met du temps à sa toilette... Ah! dam! ça se conçoit... il veut paraître avec tous ses avantages... Et moi, réussirai-je?.. oh! oui, tant de peines ne seront pas inutiles. . déjà, ce matin, je me suis agenouillé sur la dalle froide d'une église... au moment décisif, je tremble encore. (*Il dévoile une niche de saint pratiquée dans le mur.*) Imprudent, si l'on entrait... on raillerait le dévot Espagnol, qui croit sincèrement, dans ce pays où l'on ne croit à rien. (*Il va fermer les portes et revient s'agenouiller devant le saint.*) O patron de ma famille, tu me vois du haut de ta céleste demeure, m'approuves-tu?.. Oh! oui, je le sens au bien-être que j'éprouve aujourd'hui, et dont j'étais privé depuis si long-temps... fais que je réussisse... et je te promets une châsse d'argent... et une somme considérable au couvent qui a le bonheur de posséder tes saintes reliques... J'ai encore beaucoup à faire... mais soutenu par ta puissante protection, je mènerai à bonne fin tout ce que j'ai entrepris... (*Il reste absorbé dans la prière; on entend un bruit de voiture, il se réveille.*) C'est Gaston!.. oh! cache-toi de nouveau à tous les yeux..... ces Français, sceptiques et légers, ne conçoivent pas le bonheur qu'on goûte à converser avec toi...

Il recouvre la niche et va ouvrir la porte.

SCÈNE XII.
PARAVIÉDÈS, GASTON.

Il *l'*entre vêtu en grand uniforme de garde du corps, bas de soie, culotte, etc.

GASTON. Eh bien! me suis-je fait attendre, mon ami?

PARAVIÉDÈS. Oh! non. Que je vous regarde donc!... Que vous êtes bien ainsi, Gaston!.. Ce maintien noble...cet air de bonheur répandu sur toute votre figure...

GASTON. C'est que je suis bien heureux en effet! Passer une soirée près de Fanny, pouvoir lui parler de mon amour! lui dire : Fanny, je vous offre un cœur dévoué... une fortune qui m'est doublement chère, car elle me fut gagnée par un ami, un père... et c'est celle qui peut disposer de ma vie qui disposera de cette richesse, à laquelle je n'attache de prix que parce qu'elle me permet de vous nommer mon épouse.

PARAVIÉDÈS. Et qu'elle vous rendra heureux! cette épouse, elle est si bonne!

GASTON. Si belle!

PARAVIÉDÈS. Si modeste!

GASTON. Si pure!

PARAVIÉDÈS. Elle sera bonne mère... Et que vos enfans seront beaux!... Il me semble les voir passer leurs petits doigts dans la chevelure soyeuse de votre femme, vous à ses genoux, contemplant ce tableau digne de Raphaël et...

GASTON. Assez, assez, ami... vous voulez donc me rendre fou de bonheur!

UN DOMESTIQUE, *entrant.* Une estafette vient d'apporter une dépêche pour monsieur.

PARAVIÉDÈS, *vivement.* Ah! donnez. De Marseille!... (*Au domestique.*) Dites à ma femme de se rendre ici, il faut qu'elle partage la joie commune.

GASTON, *tremblant.* Mais si nous allions être déçus dans notre attente!...

PARAVIÉDÈS. Impossible!... j'ai trop bien pris mes mesures. (*Il ouvre la lettre.*) « Cher et honorable. Paraviédès, le navire » expédié par vos soins est arrivé à bon » port à la Havane. La vente des marchan- » dises a été au-delà de ce que vous pou- » viez espérer... »

GASTON. O bonheur!

PARAVIÉDÈS, *continuant.* « Votre homme » de confiance en a retiré un bénéfice sex- » tuple... »

GASTON, *se jetant dans ses bras.* Ah! mon ami!... Fanny est à moi!... (*Se jetant à genoux.*) Mon Dieu, j'ai pu quelquefois douter de ta bonté; pardonne-moi!...

SCÈNE XIII.
LES MÊMES, LENIDA.

LENIDA. Vous m'avez fait demander, monsieur?

PARAVIÉDÈS. Oui, pour que tu sois témoin du bonheur de notre ami Gaston... Il épousera ce soir même celle qu'il aime...

GASTON. La joie me suffoque.

LENIDA, *à part.* Il ne pense qu'à lui!... Et moi!...

Gaston se jette de nouveau au cou de Paraviédès.

PARAVIÉDÈS, *souriant.* Et ma femme?.. vous l'oubliez.

GASTON. Ah! pardon... madame.

Il va à elle.

LENIDA, *bas.* Et mes lettres perdues, monsieur?

GASTON. N'ayez aucune crainte... elles se retrouveront... De la joie, aujourd'hui! rien que de la joie...

LENIDA, *à part.* Puisse la malédiction du ciel tomber sur celui qui abandonne ainsi une femme!

GASTON. Et vous annonce-t-on si bientôt...

PARAVIÉDÈS, *souriant.* Vous ne m'avez pas laissé continuer... Hum! un bénéfice sextuple... « Mais cet homme infâme vous « a trompé. Après avoir réalisé les fonds, « il s'est embarqué furtivement; on ne « sait ce qu'il est devenu, et c'est avec une « vive douleur que je vous annonce qu'il « faut renoncer à tout espoir de le rejoin- « dre. »

GASTON, *atterré.* Ah!

LENIDA, *à part, avec joie.* Je suis vengée!!!

GASTON, *arrachant la lettre.* C'est impossible, il n'y a pas ça, il ne peut y avoir ça... je... (*Il lit.*) Ah! malheureux...

PARAVIÉDÈS. Allons, ce malheur est

horrible... mais du courage... rendons-nous chez Mme d'Ombré... avant que cette fatale nouvelle soit connue..... une fois la parole donnée... nous pourrons...

GASTON. Mais ce serait la tromper...

PARAVIÉDÈS. Vous préférez perdre Fanny?

GASTON. Ah! cette idée!... partons, ami...

PARAVIÉDÈS, *appelant*. Vite les chevaux à la voiture...

UN DOMESTIQUE. Une lettre pour M. Gaston de Savigny.

GASTON. Donnez... *(Il lit.)* « Mme la ba-» ronne d'Ombré a l'honneur de vous » faire part du mariage de Mlle d'Ombré, » sa nièce, avec M. le marquis de Salné. » *(Il tombe dans un fauteuil.)* Ah!

PARAVIÉDÈS. Gaston, Gaston, pourquoi ce désespoir?... eh bien! vous faut-il de l'or? je vous en prêterai...

GASTON, *désespéré*. Mariée! mariée!...

PARAVIÉDÈS. Revenez à vous.

GASTON. Laissez-moi, plus d'amitié, plus rien au monde...

PARAVIÉDÈS. Lenida, console-le, peut-être auras-tu plus d'empire sur lui que moi.

LENIDA, *s'approchant de lui*. Vous souffrez bien... n'est-ce pas?

GASTON. Laissez-moi... c'est vous, c'est votre infâme conduite qui a jeté le malheur sur ma vie.

LENIDA, *s'évanouissant*. Ah! c'est le dernier coup.

PARAVIÉDÈS, *dans un coin jouissant et partant d'un éclat de rire forcé*. Gaston, tu as joué avec mon cœur, ah! je te l'ai bien rendu!.. Gaston, tu m'as ravi l'honneur!.. à ton honneur maintenant.

Il sonne. Mariette accourt. Paraviédès lui montre sa femme évanouie. Elle lui fait respirer des sels. Lui va près de Gaston désespéré et lui porte mille soins. — La toile tombe.

ACTE II.

Le théâtre représente un jardin délicieux borné par une terrasse qui donne sur la campagne.

SCENE PREMIERE.

Mme D'OMBRÉ, Mme DE SALNÉ, *vêtue de noir*, RIBIÉ, *jardinier*

Mme DE SALNÉ. Je le veux, Ribié, pas d'observations.

RIBIÉ. Il faut pourtant que madame la marquise comprenne qu'en 1831 beaucoup de personnes suspectes parcourent notre midi, et cherchent à y fomenter des troubles; chaque jour on vient faire des visites dans toutes les maisons et je ne puis laisser seule celle de madame la marquise.

Mme D'OMBRÉ. D'ailleurs, nous pouvons remettre notre promenade à un autre moment.

Mme DE SALNÉ. Je veux voir encore aujourd'hui le beau pont du Gard, et nous irons... Ribié, dites à François de se préparer à nous conduire.

RIBIÉ. Il est bien maladroit, madame.

Mme DE SALNÉ, *avec impatience*. Faites atteler, et dites à François de se tenir prêt.

RIBIÉ. Puisque madame la marquise le veut absolument....

Il sort.

SCENE II.

Mme D'OMBRÉ, Mme DE SALNÉ.

Mme D'OMBRÉ. En vérité, ma nièce, je ne vous reconnais plus.

Mme DE SALNÉ. Ma chère tante, vous savez le respect que j'ai toujours eu pour vos conseils, mais mettez-vous à ma place: pendant six années, je n'ai eu que la compagnie d'un vieux mari, que ses infirmités empêchaient de sortir, et la vôtre... mais libre, c'est bien le moins que je cherche à réparer le temps perdu.

Mme D'OMBRÉ. Est-ce une raison pour être sans cesse par monts et par vaux.

Mme DE SALNÉ. Je sens que cette activité inaccoutumée ranime mes forces, quelques mois encore, et je quitte le midi; je reviens à Paris, que je n'ai pas vu depuis six ans... avec quel plaisir je m'informerai de mes anciennes connaissances...

Mme D'OMBRÉ. De M. Gaston, dont vous n'avez plus entendu parler?.. qui est peut-être marié...

Mme DE SALNÉ. Ma tante, M. Gaston ne s'est pas marié... Ah! si vous aviez entendu comme moi ce cri de désespoir, lorsque, agenouillé devant l'autel de Saint-Etienne-du-Mont, je prononçai d'une voix si faible le serment d'être à jamais à M. de Salné... ce cri, je l'entends encore, il partait de l'ame... allez, la tête peut oublier quelquefois, l'ame n'oublie jamais.

Mme D'OMBRÉ. Si c'eût été comme vous le dites, ma nièce, il eût cherché à vous voir; au surplus, j'ai agi pour votre bonheur, ma nièce.

Mme DE SALNÉ. Dites que vous avez voulu agir pour mon bonheur, ma tante, et je vous croirai... mais vous voyez bien que nos conversations prennent toujours une tournure triste... allons, venez voir ce beau pont du Gard, avec ses arches hardies.... cette végétation vigoureuse qui réjouit l'ame

Mme D'OMBRÉ. Ces précipices qui effraient.

Mme DE SALNÉ, *gaîment*. C'est encore de l'émotion...

Mme D'OMBRÉ, *à part*. Hum! allons il faut céder. Cette autorité que j'ai conservée avec tant de peine, est sur le point de m'échapper.

Mme DE SALNÉ , *du haut de la terrasse*. François, mettez l'alezan, il est plus vif , plus impétueux, avec lui le char brûle le pavé.

Mme D'OMBRÉ. Et il n'écoute pas la voix, il n'obéit pas au frein.

Mme DE SALNÉ , *gaîment*. Il a raison.... c'est si dur d'être enchaîné... Ah! ma tante, quelle délicieuse promenade nous allons faire.

Mme D'OMBRÉ. Et si nous allions tomber dans une bande de gitanos?

Mme DE SALNÉ. Tant mieux! avec quelques pièces d'or, ils exécuteront ces danses vives, originales, que j'aime tant.

RIBIÉ, *entrant*. La voiture de madame est prête.

Mme DE SALNÉ. Il suffit... Ah! si notre ami, notre aimable curé vient pour nous voir, dites-lui que j'aurais bien été le visiter, mais que son presbytère est trop près de l'homme à la maison rouge; que du reste je l'attends à dîner.

RIBIÉ. Oui, madame.

Mme DE SALNÉ. Si votre stupide garde-chasse vient encore faire ses visites habituelles, dites-lui qu'il m'ennuie, qu'il vienne moins souvent.

RIBIÉ. Il suffit madame.

Mme DE SALNÉ. Allons, ma tante, courir les aventures.

Elle sort gaîment, sa tante la suit.

SCENE III.
RIBIÉ , *seul*.

Quelle vivacité ! quelle pétulance !.. Elle a raison, le garde-chasse Guisgnac vient plutôt pour la cave que pour demander les passe-ports des rares voyageurs qui passent par ici, et qui , comme moi, ne songent guère aux révolutions.

SCENE IV.
RIBIÉ, GUISGNAC.

GUISGNAC, *qui a entendu le dernier mot*. Qu'est-ce qui parle de révolutions? je vous arrête.

RIBIÉ. Eh! c'est vous, père Guisgnac?

GUISGNAC. Où est-il, celui qui veut faire une révolution?

RIBIÉ. Mais avez-vous perdu la tête?

GUISGNAC. Où est-il, que je lui demande son passe-port?

RIBIÉ. Il n'y a ici que moi !..

GUISGNAC. En ce cas, votre passe-port.

RIBIÉ. Ah ça! y pensez-vous? moi, jardinier depuis vingt ans dans le pays.

GUISGNAC. C'est juste. Alors que parliez-vous de révolution; seriez-vous un ennemi du gouvernement?

RIBIÉ, *riant*. Ah! bien oui.

GUISGNAC. Oui! Je vous arrête.

RIBIÉ. Père Guisgnac, vous ne seriez pas de force. Regardez donc mes membres et les vôtres.

GUISGNAC. C'est juste. Alors je vais requérir main-forte... Justement une brigade de gendarmerie est dans les environs.

RIBIÉ. Eh bien! oui, je le répète, je suis un ennemi du gouvernement... parce qu'il absorbe tout le tems d'un brave buveur comme monsieur Guisgnac, qui n'a pas un moment à lui pour boire un verre de vin.

GUISGNAC, *bas*. Ne soyez donc plus l'ennemi du gouvernement, parce que de ce côté-là , il est très-paternel, et pour lui faire un prosélyte de plus, je vais vous prouver qu'il laisse à ses agens le temps de boire un coup avec des amis.

RIBIÉ. A la bonne heure, voilà comme je vous aime.

GUISGNAC. Ah ! c'est que, voyez-vous, pour ce qui regarde le service, je ne connais rien. (*Ici Vernaut entre. C'est un homme de trente à quarante ans , vêtu en bourgeois.*) J'arrêterais mon père, j'arrêterais ma mère, j'arrêterais un enfant au berceau , si je le croyais ennemi du gouvernement. Oui , un homme déclaré suspect viendrait chez moi, sans scrupule je...

SCENE V.
LES MÊMES, VERNAUT.

VERNAUT. Vous auriez tort, monsieur Guisgnac?

GUISGNAC. Ah ! c'est vous, monsieur le curé.

VERNAUT. Vous êtes donc méchant, monsieur Guisgnac.

GUISGNAC. Moi, je suis une brebis pour la douceur, mais quand il s'agit...

VERNAUT. Encore... Eh bien ! un homme viendrait chez moi, me demanderait l'hospitalité, m'avouerait qu'il est poursuivi, je ne m'informerais pas s'il suit telle ou telle bannière, je lui dirais: Frère, entrez, et je crois même que moi, ministre de Dieu, je ferais un mensonge si l'on venait visiter mon modeste presbytère, et je ne laisserais partir mon hôte que lorsque je le croirais convenable pour sa sûreté. *Errare humanum est.*

GUISGNAC. Propos de séditieux, monsieur le curé, et je pourrais bien rapporter au maire...

VERNAUT. Ah! je suis connu. Celui qui, jeune encore, ne désirait qu'une cure de campagne; celui qui n'a eu en vue que d'améliorer le sort de ses ouailles, heureux de leur bonheur, celui-là ne craint rien. Mais, dites-moi, Ribié, ces dames sont-elles chez elles?

RIBIÉ. Non, monsieur le pasteur, ces dames ont voulu absolument sortir. Il est étonnant que vous ne les ayez pas rencontrées.

VERNAUT. C'est que je me suis longtemps arrêté au Calvaire.

RIBIÉ. Pour faire votre prière habituelle.

VERNAUT. Non, mais à voir prier un jeune homme de trente ans, qui, dans sa ferveur, semblait isolé du reste du monde. C'est si rare de voir de nos jours un jeune homme pieux, que j'ai craint de le troubler dans son extase religieuse. Mais sa figure mâle, ses traits prononcés, tout est gravé là. Sa dévotion m'a prévenu en sa faveur; un mot de lui, et je serai son ami.

GUISGNAC. Un jeune homme de trente ans, figure mâle, traits prononcés, je vais...

RIBIÉ, *bas.* Et cette bouteille de vin?

GUISGNAC, *bas.* C'est juste, mais aussitôt après, je cours, et...

RIBIÉ. Madame m'a aussi chargé de vous prévenir que si elle n'allait pas vous voir, c'était à cause de votre voisinage avec l'homme de la maison rouge.

VERNAUT. Eh quoi! ces dames partagent aussi la terreur qu'inspire un homme qui ne fait de mal à personne. Il veut rester seul, et on lui en fait un crime.

GUISGNAC. Seul! et ses compagnons au pied fourchu, car, il n'y a pas à en douter, c'est le diable.

VERNAUT, *souriant.* Allons, je vois que décidément vous voulez me perdre aux yeux de l'autorité, en m'accusant, moi, homme de Dieu, d'avoir des conférences avec le diable.

GUISGNAC *et* RIBIÉ. Vous lui parlez?

VERNAUT. Sans doute, et il a trop peur de Satan pour l'être lui-même. Dans nos entretiens, sans cesse il me parle des tourmens de l'enfer; moi, je ne lui parle que des joies du paradis... Mais c'est un homme religieux, qui est loin de mériter les contes absurdes qu'on fait sur lui.

GUISGNAC. C'est assez parler de l'homme de la maison rouge, et je crois que j'hésiterais si on m'ordonnait de lui demander ses papiers.... (*Bas à Ribié.*) Les affaires publiques me réclament. Dépêchez-vous si vous voulez...

RIBIÉ. C'est vrai. (*Haut.*) Monsieur Vernaut, ces dames ne tarderont pas à rentrer, voudrez-vous...

VERNAUT. Les attendre? certainement; Ribié, si vous avez quelques affaires, ne vous gênez pas.

GUISGNAC. Oui, monsieur le curé, Ribié a une affaire très-importante. (*Bas.*) Duquel me donnerez-vous?

RIBIÉ, *bas.* Du meilleur.

GUISGNAC, *vivement.* Vous n'avez pas une minute à perdre... Venez, Ribié.

Ils sortent.

SCENE VI.

VERNAUT, *seul.*

Allons, je vais attendre encore quelques instans ces dames, et cependant l'homme de la maison rouge, comme ils l'appellent, m'avait fait promettre d'être promptement de retour. Ah! j'avoue que si je ne partage pas l'effroi qu'il inspire à tous les habitans de ce village, il ne laisse pas que de piquer ma curiosité. Oui! il y a eu dans la vie de cet homme un grand malheur ou un grand crime... Eh bien! religion consolante, viens à mon aide: s'il fut malheureux, donne-moi des expressions pour le consoler; s'il fut coupable, donne-moi des expressions pour verser dans son sein la baume du repentir. O Vernaut, que ta mission est belle! aussi je ne te demande qu'une chose, ô mon Dieu: Si tu me juges digne de quelque bonheur, accorde-moi toute ma vie une petite église, une maisonnette à côté, quelques fidèles autour de moi; que de mon presbytère je puisse assister au coucher du soleil; que je puisse suivre de l'œil le voyageur solitaire, et bénir de loin son voyage... Mais quel bruit... Ce sont ces dames, comme elles ont l'air agité. Eh! je ne me trompe pas, le pieux voyageur de ce matin les accompagne... Que signifie...

SCÈNE VII.

VERNAUT, Mme DE SALNÉ, Mme D'OMBRÉ, GASTON.

Il est pâle, ses cheveux sont ras; des favoris épais encadrent l'ovale de son visage; il a un chapeau de jonc blanc, et un havresac.

Mme DE SALNÉ. Ah! c'est vous, monsieur Vernaut! Un remercîment à Dieu, mon cher pasteur, il m'a sauvée d'un grand danger, et m'a fait retrouver un ami.

Mme D'OMBRÉ. Grâce au ciel, nous voilà au château.

Mme DE SALNÉ. Sans le dévouement de M. Gaston...

VERNAUT. Il vous a sauvées!.. Jeune homme, votre main... Ah! ce n'est pas la première fois que je vous vois.

GASTON, *troublé.* Où m'avez-vous donc déjà vu, monsieur?

VERNAUT. Ce matin... agenouillé devant la croix de notre calvaire.

GASTON, *respirant.* Ah!

VERNAUT. Ainsi, la main... mon vieil ami.... car si vous aimez Dieu... vous devez aimer ceux qui se dévouent à son culte... appelez-moi votre ami.

GASTON, *avec effusion, lui serrant la main.* Mon ami!

VERNAUT. Mais que vous est-il donc arrivé?

Mme DE SALNÉ. La mort était certaine, je recommandais déjà mon ame à Dieu, lorsque l'intrépidité de votre ami...

GASTON. Vous exagérez un léger service.

Mme DE SALNÉ. Un léger service! oh! d'abord justice à tout le monde : vous aviez raison, ma chère tante, et, soit dit sans vous fâcher... ça ne vous arrive pas toujours, de vouloir m'empêcher de me confier à l'inexpérience de François... trop maladroit pour contenir mon alezan, il perd la tête, le cheval dans son galop furieux et déréglé se portait tantôt à droite, tantôt à gauche de la route, bordée d'un côté par des précipices sans fond, de l'autre par les berges glissantes et à pic de la rivière, c'était fait de nous, lorsqu'un homme bondit, s'attache aux rênes, aux traits, au brancard ; le cheval se cabre contre la main vigoureuse qui veut le dompter, mais le mors serre et déchire sa bouche; vaincu par la douleur, il cède devant une force supérieure à la sienne; je veux remercier mon libérateur et je reconnais... qui?.. Gaston, Gaston... mon ancien ami.

GASTON, *tristement.* Oui, Gaston... lui, toujours lui.

Mme D'OMBRÉ. J'avoue que j'aurais eu de la peine à reconnaître monsieur; comme il est changé!

GASTON, *d'un ton amer.* Vous trouvez, madame?

Mme DE SALNÉ, *vivement.* Oh! non, ne croyez pas, ma tante.... Est-ce que cette observation sans conséquence vous afflige? comme vous me regardez!...

GASTON. C'est que je veux m'assurer si je ne suis pas sous l'empire de quelque fascination trompeuse !.. (*A part.*) La voilà cette femme que j'ai pleurée si long-temps, par qui seule je tiens au monde!... que je la regarde encore.. (*Mais une pensée sombre l'assaille.*) Oh! j'avais oublié! (*au désespoir*) je m'oubliais moi même...

Mme DE SALNÉ. Que se passe-t-il donc en vous?

GASTON. Ah! pardon.... la joie... la surprise...

Mme DE SALNÉ. J'espère que vous ne nous quitterez pas; vous voyez toute la compagnie du château, ma tante et ce bon M. Vernaut, qui, je l'espère, passera la journée avec nous.

VERNAUT. Oui, oui, mesdames, je me sens porté de cœur vers ce jeune homme.

GASTON. Mais quel intérêt si prompt...?

VERNAUT, *le prenant à part.* Sur votre front est empreint le sceau du malheur....

GASTON. Oh! oui, je fus bien malheureux!

VERNAUT. Oh! nous nous entendrons bien.

Mme DE SALNÉ. Eh bien! mon cher monsieur Vernaut, veuillez tenir compagnie à notre ami commun... cette aventure a jeté un peu de désordre dans ma toilette, et quoique au fond d'un village du Languedoc, la coquetterie ne perd jamais ses droits.

GASTON, *la regardant mélancoliquement.* Ah! pour moi... mais ce deuil... votre existence aurait-elle subi quelque changement?

Mme DE SALNÉ, *baissant les yeux.* Oui, Gaston, j'ai perdu M. de Salné, il y a près d'un an... mais vous, vous, dont j'ai à peine entendu prononcer le nom depuis six ans... qu'avez-vous fait?

GASTON. Madame...

Mme DE SALNÉ. Je le vois, vous voulez nous conter vos aventures en détail... eh bien! à mon retour.. vous me conterez tout.

GASTON, *tristement.* Tout.

Mme DE SALNÉ. Oui, tout, monsieur Vernaut, j'ai votre parole...

VERNAUT. Pour le temps qui m'appartient, oui; mais celui qui appartient aux autres, je ne puis en disposer.

UN PAYSAN, *entrant*. Ah! monsieur le curé... venez, venez à l'instant au presbytère... voilà plusieurs fois que l'homme à la maison rouge vous appelle; il paraît encore plus agité que de coutume...

VERNAUT. Vous le voyez... je ne m'appartiens pas...

Mme DE SALNÉ. Vous nous quittez pour ce vilain étranger?

GASTON. L'homme de la maison rouge?

VERNAUT. Oui, c'est un étranger peu sociable, sombre, taciturne, ne s'inquiétant pas de ce qui se passe autour de lui; c'est pourquoi l'on s'inquiète de ce qui se passe dans son intérieur.

GASTON. Restez... restez... quoi! pour cet homme...

VERNAUT. Il est malheureux... la religion le console, lui donne du courage en l'avenir: dois-je...?

GASTON, *vivement*. Il est malheureux.... et vous le consolez?.. allez... allez vite... ne le faites pas attendre.

Mme DE SALNÉ. Vous viendrez au moins ce soir?

VERNAUT. Je vous le promets...

Mme DE SALNÉ. Vous voudrez bien nous attendre, Gaston... amusez-vous à regarder mon album, tout est fait par moi, et peut-être de certains dessins...

Mme D'OMBRÉ, *à part*. L'extérieur de ce M. Gaston ne me revient plus... est-ce que ma nièce...? oh! nous y mettrons bon ordre.

Mme DE SALNÉ, *après avoir donné son album à Gaston, le prie gracieusement de l'attendre, puis elle a été reconduire Vernaut*. Venez, venez, ma tante.

Mme D'OMBRÉ. Réfléchissez, ma nièce, cet extérieur misérable...

Mme DE SALNÉ, *avec exaltation*. Tant mieux! tant mieux!.. je pourrai donc adoucir des maux qui furent mon ouvrage! Car, ne vous y trompez pas, c'est pour moi qu'il a souffert!.. Oh! merci, mon Dieu, merci...

Elles sortent.

SCENE VIII.
GASTON, *seul*.

Non, je ne rêve pas... c'est bien moi, moi, Gaston... Ah! mon ame s'épanouit au soleil de ces nouvelles sensations; mes facultés recouvrent une vigueur inaccoutumée sous leur influence vivifiante. L'air que je respire ici est imprégné de son souffle embaumé. Ces dessins... c'est sa main qui les a animés... Que vois-je?... le plateau de Saint-Germain... Oui, c'est là que je la vis pour la première fois... la salle du bal... oui, c'est là... que je pressai pour la première fois sa main tremblante dans la mienne plus tremblante encore... Elle pensait à moi... oui... Et celui-ci... un horizon sans bornes... un voyageur seul... pas d'arbre pour l'abriter..... pas de fontaine pour le désaltérer... aucun de ses semblables pour réjouir sa vue... seul... toujours seul... la solitude derrière lui... la solitude devant lui, à ses côtés... nulle part l'espérance... Ah! c'est moi..... toujours moi... Fanny... tu ne conserveras plus ce dessin, ou tu y ajouteras au fond un oasis, des palmiers touffus, une fontaine limpide... et une femme... un ange, aux ailes blanches, qui attend le voyageur et lui fait oublier l'affreux désert. Ah! la joie inonde mon cœur... je pleure...ah! je puis donc encore pleurer... depuis six ans... voilà ma première larme.

SCÈNE IX.
GASTON, GUISGNAC, *puis* RIBIÉ.

GUISGNAC. Le plaisir ne doit pas me faire oublier mon devoir... Allons à la recherche du brun à la figure mâle, aux traits prononcés... Mais quel est cet homme? serait-ce...?

GASTON. Maintenant, du bonheur... toujours du bonheur. Ah! je l'ai payé assez cher.

GUISGNAC, *lui frappant sur l'épaule*. Vos papiers, monsieur.

GASTON, *comme foudroyé*. Mes papiers?.. (*plus bas*) mes papiers, monsieur? Ah! et je parlais de bonheur!....

GUISGNAC. Ne m'avez-vous pas entendu? vos papiers?

GASTON. Moi... monsieur... je suis chez Mme de Salné...

GUISGNAC, *à part*. Il hésite... c'est un conspirateur... (*Haut.*) Vos papiers?

GASTON, *à part*. O mon Dieu! il faudra encore... plutôt mourir.

GUISGNAC, *le prenant au collet*. Vous ne satisfaites pas à la loi, je vous arrête.

GASTON, *le repoussant rudement et fièrement*. Qui ose porter la main sur moi?..

GUISGNAC. Ah! tu te révoltes contre l'autorité!... ne vois-tu pas à mes insignes que j'ai des pleins pouvoirs?.. ton nom?.. ta profession?

GASTON, *fièrement*. Mon nom, Gaston de Savigny... ma profession, ex-garde-du-corps de la compagnie de Grammont.

GUISGNAC. Un ex-garde-du-corps... c'est un rebelle... Suivez-moi.

GASTON. Où?

GUISGNAC. Chez le maire.

GASTON, *à part*. C'est peut-être un homme d'honneur, il aura pitié de moi, et je ne serai pas obligé, devant un subalterne... (*Haut.*) Je vous suis, monsieur.

GUISGNAC, *à part*. Mais un gaillard qui repousse si vigoureusement... il pourrait bien en route... Que faire? (*A Ribié, qui entre.*) Ah! excellente capture... (*Bas.*) Mais fais entrer cette brigade de gendarmerie qui se repose près de la porte... qu'elle me prête main-forte.

Ribié sort précipitamment.

GASTON. Et j'ai pu avoir une idée de bonheur!.. du bonheur pour moi!.. ah!.. oui, partons... et, quand j'aurai satisfait à cette humiliante formalité, je m'éloignerai d'ici, je m'éloignerai pour ne plus y revenir... ne plus revoir Fanny! O mon Dieu! donne-m'en la force.

SCENE X.

LES MÊMES, Mme DE SALNÉ, Mme D'OMBRÉ.

Mme DE SALNÉ. Ah! vous m'avez attendue; merci, monsieur Gaston. C'est vous, monsieur Guisgnac?

GUISGNAC. Oui, madame... heureusement, car je vous sauve, vous et la France.

Mme DE SALNÉ. Que voulez-vous dire?

GASTON, *l'interrompant*. Madame... je suis forcé... cet homme...

Mme DE SALNÉ. Que se passe-t-il donc ici?..

GUISGNAC. Vous allez le savoir... (*Aux gendarmes qui entrent.*) Brigadier, faites votre devoir, arrêtez monsieur, et...

LE BRIGADIER, *s'avançant*. Venez, monsieur.

Gaston se cache la figure dans ses mains.

Mme DE SALNÉ. Que faites-vous? mais monsieur est chez moi, et...

Gaston suit machinalement le gendarme; il ne voit, n'entend rien.

LE BRIGADIER. Mais... c'est vous que ce matin, déjà...

GASTON, *le regardant*. Ah! oui... je crois que oui du moins...

LE BRIGADIER. Que faites-vous donc, monsieur Guisgnac? mais ce jeune homme m'a déjà, ce matin, montré ses papiers.

GUISGNAC. C'est un conspirateur.

LE BRIGADIER. Monsieur Guisgnac, vous êtes un sot. (*Regardant Gaston avec compassion.*) Pauvre jeune homme! Camarades, en route.

GASTON, *lui prenant la main*. Merci, brigadier, merci.

LE BRIGADIER, *en sortant*. Quel dommage!

GUISGNAC, *étourdi*. Que signifie...?

Mme DE SALNÉ, *riant*. Monsieur Guisgnac... vous êtes un sot!.. il l'a dit. Mais regardez donc, Gaston... la drôle de figure de M. Guisgnac... ah! restez... restez ainsi...

Elle va prendre un crayon et le dessine.

GUISGNAC, *toujours étourdi*. Monsieur Guisgnac, vous êtes un sot!..

Mme D'OMBRÉ, *à elle-même*. Hum! cette hésitation à montrer ses papiers...

Mme DE SALNÉ. Oh! venez donc voir, monsieur Gaston, venez voir si ce n'est pas frappant... quelques traits de crayon et... mais écoutez-moi donc... qu'avez-vous à rester comme un therme pour un excès de zèle de M. Guisgnac? Tenez, regardez si ce n'est pas l'expression de sa figure, lorsque le brigadier lui a dit: « Monsieur Guisgnac, vous êtes un sot!.. »

GUISGNAC. Ah! encore... encore... madame!..

GASTON. Oui, je l'avoue, je ne devais pas pour l'imbécillité de cet homme...

GUISGNAC. L'imbécillité!.. mais taisons-nous... souffrons cette humiliation... encore un sacrifice à la patrie.

Il sort.

Mme D'OMBRÉ, *bas à Mme de Salné*. Ma nièce, méfiez-vous de cet homme.

Mme DE SALNÉ, *avec hauteur*. Quel homme?...

Mme D'OMBRÉ, *se reprenant*. De M. Gaston... sa conduite, son costume...

Mme DE SALNÉ. Ma tante... l'émotion de cette journée nécessite du repos... vous en auriez besoin peut-être?...

Mme D'OMBRÉ. J'entends... vous voulez rester seule avec monsieur... libre à vous... vous êtes maîtresse... mais je ne croyais pas, lorsque je n'eus toujours en vue que votre bonheur...

Mme DE SALNÉ. Oui... voyez-en les résultats... un homme brillant de jeunesse, de santé... regardez-le... et il n'a que trente ans!..

Mme D'OMBRÉ. Oui, vous avez raison.... l'émotion de cette journée... je vais me promener dans le parc... (*A part.*) Oh! il partira d'ici... je le veux.

Elle sort.

SCENE XI.

Mme DE SALNÉ, GASTON.

Mme DE SALNÉ. Nous sommes seuls, monsieur Gaston... eh bien! ouvrez-moi votre cœur, confiez-moi vos peines... savez-vous que nous n'espérions plus vous revoir?... nous vous avons cru mort... qu'étiez-vous donc devenu?

GASTON. J'ai voyagé... je me suis exilé de France.

Mme DE SALNÉ. Et pourquoi donc?

GASTON. Je le devais.

Mme DE SALNÉ, *baissant les yeux.* Et quel pays avez-vous visité?

GASTON. Vous me demandez dans quel pays j'ai traîné une misérable vie?... en Italie, madame.

Mme DE SALNÉ. Et vous avez bien souffert?

GASTON. Hélas! je me sens tellement lié à la souffrance, que ce bonheur d'aujourd'hui me fait peur!.. il m'est venu si rapidement et avec une si riche profusion, que je n'ose croire à sa durée.

Mme DE SALNÉ. Éloignez ce doute.

GASTON. Ne suis-je pas toujours ce Gaston sur qui pèse le poids d'une horrible destinée.

Mme DE SALNÉ. Mais le temps amène des changemens...

GASTON. Je n'en espère aucun... ma vie a été fatigante même par l'uniformité de ses angoisses.

Mme DE SALNÉ. Les voyages, l'étude, n'ont-ils jamais jeté un regard sur votre existence?

GASTON. La fatalité seule m'a souri... et cependant je croyais toujours en Dieu!

Mme DE SALNÉ. Aussi ne vous a-t-il pas jeté sur la route de votre meilleure amie!

GASTON. Et pourquoi! pour me faire sentir plus vivement mon isolement.... oui, il m'a dédommagé de mes souffrances... mais une obscurité subite qui succède à une grande clarté ne paraît-elle pas plus profonde encore.... c'est ma destinée! *(Lui tendant la main.)* N'importe, ce jour alimentera mes souvenirs pour le reste de ma vie... et quand je ne vous verrai plus...

Mme DE SALNÉ. Me quitter! *(avec reproche)* vous voulez me quitter?..

GASTON. Oh! j'ai mal entendu... Fanny...

Mme DE SALNÉ. Est-ce que vous ne voudrez pas rester?.. toujours?..

GASTON. Rester! rester près de vous, toujours, toute ma vie.... Oh! ma tête brûle... et je t'ai blasphémé, mon Dieu!.. oh! pardonne-moi... si tu m'as accablé de tant d'épreuves, c'était pour que mon bonheur fût plus vif, plus pur... Elle m'a dit de rester!.. adversité?.. je te défie maintenant... que pourrais-tu?.. Gaîté de mes premières années, reviens... reviens avec tes illusions... oh! mais vous verrez, mon âme n'est pas fermée aux beautés de la nature... nous l'admirerons ensemble.... nous prierons ensemble.. Espérance, bonheur, amour, manne céleste... viens ranimer mon corps souffrant! car, Fanny, vous ne savez pas tout ce que j'ai enduré.... c'était horrible...

Mme DE SALNÉ. Assez, assez, Gaston... plus de tristes idées.

GASTON. Non: loin de moi, souvenirs maudits... passé, fuis de ma mémoire... avenir, sois pour moi ce qu'est le présent... Mais montrez-moi donc ce que tout-à-l'heure vous avez jeté sur le papier... oh! c'est parfait, quel beau talent!.. Mais vous verrez.... nous lutterons.... moi, je puis aussi...

Mme DE SALNÉ. À la bonne heure... vous voilà redevenu le gai Gaston... votre figure n'est plus la même...

GASTON. Et mon âme, est-elle la même? Ah! Fanny... laisse-moi te regarder... te regarder encore... le malheur ne t'atteindra jamais, va... je suis là pour veiller sur toi... Oh! je voudrais être un ange pour te protéger... mais non... car l'ange est immortel... et, si tu mourais, je voudrais mourir...

Mme DE SALNÉ. Cher Gaston!

GASTON. Je divague... mais n'est-ce pas naturel? je suis si heureux... Ô mon cœur, ne brise pas ton enveloppe...

⁂⁂⁂⁂⁂⁂⁂⁂⁂⁂⁂⁂⁂⁂⁂⁂⁂⁂⁂

SCÈNE XII.
Les Mêmes, Mme D'OMBRÉ.

Mme D'OMBRÉ. Rabié, fermez les portes...

Mme DE SALNÉ. Qu'est-ce donc?

Mme D'OMBRÉ. Une troupe de ces gitanos, de ces mendians qui se dirigent vers le pont du Gard, et qui, dès qu'ils m'ont aperçue, se sont mis à danser, à faire mille extravagances pour obtenir quelques pièces de monnaie.

Mme DE SALNÉ, *à Rabié qui va pour fermer les portes.* Rabié, faites entrer ces pauvres diables.

Mme D'OMBRÉ. Quoi! ces vagabonds ici!

Mme DE SALNÉ. Je suis si heureuse, que je veux que tout le monde partage mon bonheur.

Mme D'OMBRÉ. Décidément ma nièce devient folle.

Les gitanos entrent. Des enfans déguenillés; des femmes au corset noir, et jupon rouge; les hommes en veste à couleur vive, aux larges pantalons de velours; des vieilles aux cheveux gris flottans. Ils sont commandés par un vieillard à barbe grise. — Ballet sans doute.

Mme DE SALNÉ. Tenez, tenez, braves gens.

Elle leur distribue de l'argent.

GASTON. *qui la regarde avec passion.* Ah!

cette fée, ou plutôt cette sainte distribuant des aumônes... voilà un tableau digne de l'artiste.. O mémoire, grave cette scène là. (*En frappant son front.*) Ces gens qui ne comprennent pas un mot de notre langue, qui ne peuvent la parler... devinent cet ange pourtant, leurs traits s'adoucissent... la reconnaissance embellit...

Mais un gitano depuis le commencement de la scène n'a pas quitté Gaston des yeux ; tout-à-coup il s'en approche et lui dit bas :

UN GITANO. Me reconnaissez-vous ?

GASTON, *comme stupéfié, le regarde.* Non.. je ne crois pas.

LE GITANO. C'est possible, et je ne vous en veux pas ; c'est que vous n'aurez jamais fait attention à moi... là bas... voilà tout, mais moi, je suis sûr de vous y avoir vu ; je vous reconnais bien.

Mᵐᵉ D'OMBRÉ, *frappée du désordre de Gaston.* Mais qu'a donc M. de Savigny ?

LE GITANO, *vivement.* Je vois que je vous ai fait de la peine... ce n'était pas mon intention... rassurez-vous : je ne suis pas méchant. Dites-moi seulement si vous pouvez me faire la charité de quelque argent ?

GASTON, *troublé.* Vous voulez de l'argent ?

LE GITANO. Oui ; si ça se peut, vous m'obligerez... je me cache parmi ces gitanos... vous me comprenez... je me suis sauvé...

GASTON. Mais je n'en ai pas.

LE GITANO. Et vous habitez un château ? vous avez mauvais cœur... vous êtes oublieux... tant pis pour vous...

Il va pour s'éloigner.

GASTON. Ah ! un seul mot de lui.... (*Bas au gitano.*) Attendez-moi... là... près de ce bouquet d'arbres... dans quelques minutes... j'y serai...

Pendant ce temps les gitanos se sont éloignés. Fanny revient en riant.

Mᵐᵉ DE SALNÉ. Eh bien ! que dites-vous de ce coup-d'œil ? ne vous semblait-il pas une apparition satanique ?

GASTON, *effaré.* Oui, satanique en effet..

Mᵐᵉ DE SALNÉ. Ah ! mon Dieu ! qu'avez-vous donc ? une sueur froide ruissèle sur votre front...

GASTON, *balbutiant.* Moi, je...

Mᵐᵉ D'OMBRÉ. C'est peut-être la conversation que M. Gaston a eue avec un de ces gitanos.

Mᵐᵉ DE SALNÉ. Ah ! parce que vous savez qu'ils ne comprennent pas notre langue... cette plaisanterie...

GASTON. Non, en effet, un de ces malheureux... n'est pas ce qu'il paraît... il est poursuivi... il se cache... il me demandait des secours.

Mᵐᵉ DE SALNÉ, *vivement.* Que vous lui avez donnés ?

GASTON, *baissant les yeux.* Je n'ai pas d'argent, et je n'ai pu...

Mᵐᵉ DE SALNÉ, *vivement.* Que ne le disiez-vous plus tôt ? Ah ! tenez, ma bourse. Prenez, prenez, et courez vite après lui.

Il prend la bourse, et sans dire un mot il court comme un fou vers l'endroit indiqué.

Mᵐᵉ D'OMBRÉ, *bas à Ribié.* Cours, et sache ce qu'il dit à cet homme.

Ribié le suit.

SCENE XIII.
Mᵐᵉ DE SALNÉ, Mᵐᵉ D'OMBRÉ.

Mᵐᵉ DE SALNÉ, *joyeuse.* Il est pauvre, ma tante, il est pauvre ! Je pourrai assurer son bonheur... il tiendra tout de moi. Ah ! que je suis heureuse !

Mᵐᵉ D'OMBRÉ. Je ne vous comprends pas.

Mᵐᵉ DE SALNÉ. Vous ne comprenez pas que le premier amour est le seul qui ne s'efface pas ; que le respect conjugal me tenait dans ses limites d'airain ? Mais l'imagination qui ne connaît pas de limites volait toujours aux lieux où je l'avais vu. Oui, ma tante, je l'aime, je l'aime de toutes les forces de mon ame... et c'est bien le moins... il a tant souffert pour moi !

Mᵐᵉ D'OMBRÉ. En vérité, j'admire votre confiance ! Un homme qui pâlit quand on lui demande son passeport.

Mᵐᵉ DE SALNÉ. Sa fierté, naturelle à la noblesse, souffrait d'obéir à un simple garde-de-chasse.

Mᵐᵉ D'OMBRÉ. Un homme qui se trouble lorsqu'un gitano...

Mᵐᵉ DE SALNÉ. C'est tout simple, il a si bon cœur... et il ne pouvait soulager une infortune.

Mᵐᵉ D'OMBRÉ. Un homme, dont pendant six ans on n'a pas entendu parler.

Mᵐᵉ DE SALNÉ. Il était sans fortune ; des spéculations malheureuses avaient dévoré le faible patrimoine qu'il tenait de sa famille ; il fut sans doute réduit à la condition d'un homme dont le travail est la seule ressource.

Mᵐᵉ D'OMBRÉ. Mais enfin...

Mᵐᵉ DE SALNÉ. Enfin, ma tante, je ne sais quel motif vous engage à vous acharner après ce malheureux jeune homme. Je n'attribue, je ne veux attribuer qu'à la curiosité ce désir de connaître ce qu'il a ou ce qu'il n'a pas fait, ce qu'il est ou ce qu'il n'est pas ; mais moi, qui lis, dans chaque sillon que le malheur a creusé sur son front, un amour qui ne doit finir qu'avec sa vie, il est juste que je répare le mal que j'ai fait involontairement. Pas un mot de plus, ma tante, madame de Salné, que la mort de son mari a rendue sa maîtresse, vous en prie.

Mme D'OMBRÉ. Il suffit. (*A part.*) Je saurai toujours ce qu'il a de commun avec ce gitano et Ribié.

SCÈNE XIV.
LES MÊMES, VERNAUT.

Mme DE SALNÉ. Arrivez donc, mon cher monsieur Vernaut. Oh! la journée a été fertile en événemens. Nous vous conterons tout cela à table.

VERNAUT. Est-ce que mon nouvel ami est parti?

Mme DE SALNÉ. Lui? oh! non, il est allé secourir un infortuné.

VERNAUT. Une foi sincère est inséparable d'un bon cœur.

Mme DE SALNÉ. Eh bien! vous en aurez aussi à nous conter, puisque vous quittez le mystérieux personnage qui effraie tout le pays.

VERNAUT. Que pourrais-je vous conter? c'est un homme tourmenté par un souvenir qui le harcèle sans relâche... il m'a fait appeler vingt fois pour recevoir sa confession, et, je le crains bien, il a peur que je ne puisse le réconcilier avec Dieu; car la parole expire sur ses lèvres, lorsqu'il va pour me confier.... Mais je vais vous gronder, car vous me faites commettre un péché... l'indiscrétion.

Mme DE SALNÉ. Aimable pasteur!

Mme D'OMBRÉ. Il n'y a que des gens à mystère dans ce pays.

Mme DE SALNÉ. Encore, ma tante?

VERNAUT. Un mystère...

Mme DE SALNÉ. Il n'y en a aucun, monsieur Vernaut. Depuis long-temps, je connaissais ce jeune homme que vous avez la bonté de nommer votre nouvel ami; il m'aimait... *Une volonté plus forte que la mienne* me força d'en épouser un autre... mais, libre enfin, et *ma maîtresse*, je compte sur votre amitié pour sonder si ce jeune homme est digne de recevoir la bénédiction nuptiale de vos mains respectables.

VERNAUT. Oh! il en est digne... il priait ce matin avec tant de ferveur!

SCÈNE XV.
LES MÊMES, RIBIÉ.

RIBIÉ. Ah! madame, je ne sais ce qu'avait ce jeune étranger; mais, en sortant

d'ici, il courait si fort qu'il n'a pas vu le saut de loup qui borde le parc.

Mme DE SALNÉ, *vivement.* Il s'est blessé?

RIBIÉ. Je le craignais, je courus à son secours, mais il était déjà bien loin quand je suis arrivé dans le fossé, et je n'ai trouvé que son portefeuille que dans sa chute il avait laissé tomber.

Mme D'OMBRÉ, *vivement.* Ah! donnez.... et nous allons savoir...

Mme DE SALNÉ. Voler un secret... fi donc, ma tante!.. Donnez, Ribié... moi seule me charge de le lui remettre.

VERNAUT, *bas à Mme de Salné.* Bien, madame... bien.

Mme D'OMBRÉ, *bas à Ribié.* Eh bien?

RIBIÉ, *de même.* J'ai cru que ça suffirait... Ah! tenez, madame, un passeport qui était aussi près du portefeuille...

Fanny est absorbée dans la contemplation d'un portrait qui était tombé du porte-feuille.

Mme DE SALNÉ. Mon portrait... mon portrait!.. Ah! monsieur Vernaut, c'est involontairement que je l'ai regardé... il est tombé!.. j'ai eu tort peut-être?

VERNAUT. Non, madame... Dieu le fit tomber pour que vous pussiez le voir et vous convaincre de l'amour de mon ami.

Mme D'OMBRÉ, *qui a pris le passeport.* C'est singulier... ce passeport n'indique pas même la frontière d'Italie.

Mme DE SALNÉ, *de mauvaise humeur.* Que vous importe?.. rendez-le-moi.

Mme D'OMBRÉ, *jetant un cri.* Ah! qu'ai-je lu!

Mme DE SALNÉ. Qu'est-ce donc?

Mme D'OMBRÉ. Tenez, monsieur le curé... lisez vous-même.

VERNAUT, *lisant.* Ah! (*Se remettant tout-à-coup.*) Eh bien je ne vois là rien d'extraordinaire. (*Bas à Mme d'Ombré.*) Voulez-vous tuer votre nièce.

Mme DE SALNÉ. Quel est ce mystère.... qu'avez-vous donc? vous m'effrayez...

VERNAUT. Voler un secret... ah! fi donc! disiez-vous.

Mme DE SALNÉ. Oh! vous ne me donnerez pas le change!.. je veux voir... (*Elle arrache le passeport.*) « Laissez passer... Gaston... de Savigny... forçat libéré... » Ah!

Elle s'évanouit.

VERNAUT, *à Mme d'Ombré.* Êtes-vous contente... madame?

Tous trois s'empressent autour de Mme de Salné.

SCÈNE XVI.
LES MÊMES, GASTON.

GASTON, *en nage.* Enfin il s'est éloigné... que vois-je!

Mᵐᵉ D'OMBRÉ, *à Gaston.* Venez contempler votre ouvrage, monsieur...

GASTON, *va pour courir près de Fanny.* Fanny.

Mᵐᵉ D'OMBRÉ. N'approchez pas, le contact de votre main la souillerait...

GASTON, *jette alors sa main sur sa poche, il n'y voit plus son portefeuille; il chancelle, s'appuie debout sur une table. Elle sait tout.*

Mᵐᵉ DE SALNÉ, *revient à elle; son premier mouvement est de se jeter dans les bras de Vernaut, de sa tante; mais le portefeuille frappe ses regards.* Ah! c'est donc vrai!

Mᵐᵉ D'OMBRÉ, *à Gaston.* Sortez d'ici, monsieur... votre présence...

Gaston ne l'entend pas; il regarde Fanny comme un hébété.

Mᵐᵉ DE SALNÉ. Il est donc là!... ah!

VERNAUT, *avec bonté.* Il n'est peut-être pas si coupable qu'on pourrait le croire... ménagez-le, madame.

Mᵐᵉ DE SALNÉ, *lui serre la main, et, soutenue par lui, elle va à Gaston, d'une voix émue.* Gaston... c'est la dernière fois que nous nous voyons.

Il la regarde, mais pétrifié, il ne peut répondre. Elle lui remet le portefeuille, qu'il prend machinalement. Elle sort. Vernaut l'accompagne jusqu'à la coulisse. Gaston prend dans sa poche un pistolet, l'arme d'un air distrait et le porte à son front.

VERNAUT, *se jetant sur lui.* Qu'allez-vous faire?

GASTON, *se laisse arracher le pistolet sans s'en apercevoir.* Gaston... c'est la dernière fois que nous nous voyons...

VERNAUT. Allons.... je suis l'ami des malheureux.

GASTON, *qui peut enfin pleurer, mais sans bouger de place.* Gaston, c'est la dernière fois que nous nous voyons... ah! ah! ah! *(On entend un roulement de voiture; il court.)* Hein? elle part... Fanny... ne pars pas, je suis innocent! je suis innocent!... Oui, monsieur, je vous le jure... sur le tombeau de ma mère... sur la vie de Fanny... je suis innocent!

VERNAUT. Oh! oui... ces accens partent du cœur... oui, vous êtes innocent.

GASTON. Et elle part sans m'entendre... c'est de la cruauté!... c'est infâme!...

Il tombe sur une chaise de jardin.

RIBIÉ, *entrant avec des domestiques.* Sortez d'ici, monsieur... un galérien ne doit pas rester plus long-temps dans cette maison.

GASTON, *se cache la tête dans ses mains, se lève, et dit avec soumission.* Vous avez raison... je m'en vais.

VERNAUT, *avec force.* Qui a donné cet ordre?

RIBIÉ. Mᵐᵉ d'Ombré.

VERNAUT. Et Mᵐᵉ la marquise de Salné, maîtresse de céans?

RIBIÉ. Elle n'a rien dit.

VERNAUT. Au nom de Mᵐᵉ la marquise de Salné, je vous ordonne de respecter cet homme à l'égal d'elle-même... cet homme, je le nomme tout haut mon ami... qui osera l'insulter encore?..

Les domestiques se retirent sur le geste de Vernaut. Gaston veut se jeter à ses pieds. Il le prend dans ses bras, et domine de son regard toute l'assemblée.

ACTE III.

Le théâtre représente un site délicieux. Au fond le derrière de l'église du village et la maisonnette du curé y attenant et élevée sur un petit monticule. Du côté opposé, sur le devant de la scène, la maison rouge; elle est isolée. Rien que ces deux habitations. Le reste, des arbres, etc. Une croix en fer à jour, au milieu du théâtre.

SCENE PREMIERE.

VERNAUT, PARAVIÉDÈS, *sortant de la maison rouge.*

PARAVIÉDÈS. Ah! vous ne me quitterez pas ainsi.

VERNAUT. Des restrictions, toujours des restrictions? Dieu n'en admet pas.

PARAVIÉDÈS. Si vous saviez combien je souffre... le désespoir me tue, ma raison s'égare, plus de calme pour moi. Une idée fixe est là.

VERNAUT. Parlez.

PARAVIÉDÈS. Je ne puis donc enfermer en moi un seul secret... Puisque je vous dis que je me repens?... Faut-il revêtir un cilice, me soumettre aux plus dures pénitences?.. Je le ferai, mais que le ciel me soit ouvert.

VERNAUT. Mon pouvoir ne saurait délier une faute que la douleur de la confession ne m'a pas avouée.

PARAVIÉDÈS. Eh quoi! le repentir ne suffit pas?

VERNAUT. L'absolution ne peut arriver qu'après.

PARAVIÉDÈS. Après! mais alors le pardon du ciel est entier, sans rémission?

VERNAUT. Pas encore.

PARAVIÉDÈS. Que faut-il donc?

VERNAUT. Le ciel ordonne de réparer le mal qu'on a commis.

PARAVIÉDÈS. Et si le mal, si le crime est irréparable?

VERNAUT, *sévèrement*. Il fut donc bien grand, monsieur? N'importe, il n'est jamais irréparable. Dieu nous offre toujours les moyens de racheter un péché devant les hommes et devant lui.

PARAVIÉDÈS. Dieu n'en a même pas le pouvoir... Mon père, absolvez-moi, ouvrez-moi le ciel. (*Il se jette à ses pieds, Vernaut le relève.*) J'ai résisté long-temps, allez... Je repoussais le soupçon... mais j'ai vu... j'ai entendu!.. j'ai saisi une correspondance... Pouvais-je douter? L'offense, assise devant moi, me ricanait à la face. La honte se dessinait sur mon visage que montrait au doigt le ridicule... Eh! que lui avais-je fait à ce jeune homme pour me jeter ses restes, à moi? à moi!.. Dites, mon sang espagnol pouvait-il souffrir cette ignominie? Oh! mais que je me suis bien vengé!.. qu'il a dû souffrir à son tour!... Eh bien! voilà mon secret... (*Bas.*) Il m'a déshonoré, je lui ai fait expier son crime par l'ignominie... Eh bien! j'ai tout dit... Je puis mourir, si Dieu m'appelle, n'est-ce pas?

VERNAUT, *sévèrement*. L'énormité de vos fautes vous touche moins que la crainte du châtiment; la contrition n'est pas sincère. Repentez-vous, réparez le mal, ou point d'absolution.

PARAVIÉDÈS. Ah! c'est trop!.... prêtre cruel, tu vois une ame qui souffre, et de ton plein gré tu lui refuses la porte du ciel... Je n'ai plus besoin de toi, mes prières sauront toucher l'Eternel... Qu'exiges-tu? mon nom? celui du coupable? jamais... ni l'un ni l'autre ne seront prononcés par moi.

VERNAUT. Adieu donc.

PARAVIÉDÈS. Ah! j'ai pu vous offenser... Pardon... la fièvre me brûle... le désespoir m'égare... bon prêtre, reviendrez-vous me voir?

VERNAUT. Oui.

PARAVIÉDÈS. Ah! merci, merci... vous recevrez bientôt une robe lamée d'argent pour revêtir la sainte Vierge qui décore votre église. Adieu, bon père, adieu.

Il rentre.

SCÈNE II.

VERNAUT, *seul*.

Insensé, qui croit, avec des présens, obtenir le pardon du ciel!.. Un repentir sincère, exempt d'égoïsme, voilà, voilà ce que Dieu exige. (*Neuf heures sonent au presbytère.* Neuf heures, et ce pauvre jeune homme qui doit venir ce matin... Ah! savais-je que ces dames se réfugieraient dans le modeste asile de leur curé?.. Mon Dieu! pourquoi toutes tes créatures souffrent-elles donc? pourquoi ont-elles tant besoin de mes consolations?.. ah! c'est qu'elles n'ont pas cette foi... cette abnégation terrestre, cette adoration pure, qui m'ont valu ta céleste protection.

SCÈNE III.

VERNAUT, Mme D'OMBRÉ, *sortant du presbytère*.

Mme D'OMBRÉ, *à part*. Il faut partir d'ici le plus tôt possible; la tête de ma nièce lui ferait faire quelque sottise... Elle veut revoir ce Gaston, et...

VERNAUT. Ah! c'est vous, madame d'Ombré... Eh bien!.. comment Mme de Salné a-t-elle passé la nuit?

Mme D'OMBRÉ. Mal, très-mal... une agitation nerveuse...

VERNAUT. Ah! c'est que la même pensée nous domine, elle et moi... ce jeune homme est innocent.

Mme D'OMBRÉ. Je ne le crois pas, monsieur Vernaut... Eh! d'ailleurs que nous importe? nous ne le reverrons plus.

VERNAUT. Au contraire, madame la baronne; car, ignorant l'honneur que me ferait Mme de Salné, de venir dans mon presbytère, j'y avais donné rendez-vous à ce pauvre jeune homme.

Mme D'OMBRÉ. Ah! mon Dieu!.. mais sa vue est dans le cas de faire mourir ma nièce.

VERNAUT, *avec intérêt*. Vous croyez?

Mme D'OMBRÉ. Qu'il ne vienne pas ici, qu'il ne la voie pas... car... je puis vous l'avouer... malgré notre découverte, elle l'aime encore... et en conscience... aimer un galérien, elle ne le peut, elle ne le doit... il faut donc qu'elle ne le voie plus.

VERNAUT. Pauvre jeune femme! pauvre jeune homme! mais vous avez peut-être raison, elle ne doit plus le revoir; hâtez-vous donc de l'éloigner de ces lieux avant l'arrivée de Gaston.

Mme D'OMBRÉ. Oui, je vous comprends. (*A part.*) Que je l'éloigne de ce Gaston, et bientôt je reprends sur ma nièce cette autorité prête à m'échapper. (*Haut.*) Je vais...

VERNAUT. La voici.

Mme D'OMBRÉ. Pas un mot de la visite que cet... homme doit vous faire... et laissez-moi agir.

SCENE IV.

Les Mêmes, FANNY.

VERNAUT. Eh bien! madame... comment vous trouvez-vous ce matin?

FANNY. Je souffre beaucoup, mon bon monsieur Vernaut. Dites..... est-ce vous qui auriez abandonné ainsi un malheureux sans l'entendre? Ah! ce que j'ai fait est très-mal.

Mme D'OMBRÉ. Ne fallait-il pas lui demander son genre de vie aux bagnes?

FANNY, *sévèrement*. Ma tante! Mais dites, monsieur Vernaut, la justice ne s'est-elle pas quelquefois trompée?

VERNAUT. Dieu seul est infaillible, madame, et les juges sont des hommes.

FANNY. Quel espoir vous faites passer en mon cœur!.. oui... il est innocent...le beau, le noble Gaston n'aurait pu...

Mme D'OMBRÉ. Ma nièce... notre présence ici doit gêner M. Vernaut... si nous retournions au château? •

FANNY. Oui... oui, retournons au château; il n'est peut-être pas encoreparti et...

VERNAUT, *bas, à Mme d'Ombré*. Ne perdez pas un instant.

Mme D'OMBRÉ, *bas*. Soyez tranquille... elle ne le verra plus.

FANNY. Mais, je ne me trompe pas... c'est lui... regardez... cette démarche pesante, cette tête penchée sur sa poitrine... ce désespoir peint dans ses traits.,. pauvre Gaston!

Mme D'OMBRÉ. Éloignons-nous.

FANNY. Non, je reste... je le veux.

VERNAUT. Madame... ce jeune homme me dit hier, avec une voix qui partait de l'ame : « A demain, vous saurez tout. » En vous voyant, la honte peut-être...

FANNY. Ce dernier motif seul..... Ah! monsieur Vernaut. Regardez-le donc... quel désespoir!

Mme D'OMBRÉ. Venez, ma nièce.

FANNY. Je *veux* rester... qu'il sache au moins qu'il y a plus de pitié que de mépris dans le cœur de son ancienne amie... après... je partirai ; je ne le verrai plus...

SCENE V.

Les Mêmes, GASTON. (*Il entre sans voir personne.*)

GASTON. Oui... oui, je vis encore, puisque je marche... mais mon ame ne vit plus, car je ne pense pas, ma tête est vide... que suis-je donc venu faire ici?.... ah!.... conter mes malheurs au bon pasteur, il est si humain!.. oh! il ne repoussera pas le pauvre galérien. Je n'ai rencontré personne... ah! tant mieux, il me semble que ma honte est écrite là... sur ce front ridé avant l'âge!.. ah!.. Fanny! Fanny! que tu fus cruelle!.. mais tu le devais... tu ne savais pas.

Mme DE SALNÉ. Ne me retenez pas, ne me retenez pas... je veux lui parler, je veux...

GASTON. Mais tu aurais dû peut-être... Que vois-je?.. Fanny!.. Mme d'Ombré!...

Il baisse les yeux et s'éloigne.

Mme DE SALNÉ, *avec douceur*. Gaston!..

GASTON. Vous vous trompez, madame la marquise ; d'ailleurs, si quelqu'un passait, et vous vît me parler... ça pourrait vous compromettre... Je m'éloigne; je vais guetter votre départ... et je ne reviendrai qu'après.

Mme DE SALNÉ. Gaston, vous venez confier à M. Vernaut des secrets...

GASTON. Que vous auriez connus, madame... mais je ne le pouvais plus, vous m'aviez laissé seul... comme un paria, comme un maudit... vous ne m'avez pas même laissé la consolation de me dire : Elle me fuit, elle le doit ; mais elle ne me méprise pas, elle me plaint. Vous m'avez impitoyablement compris dans la liste de ces êtres que la réprobation sociale rejette hors du monde.

Mme DE SALNÉ. Et qui vous dit que je ne vous plains pas? qui vous dit que je vous méprise?

GASTON. Il se pourrait!.. Ah! si je n'avais pas craint de souiller vos mains par le contact de celles d'un homme flétri, je les aurais prises, je les aurais baignées de mes larmes... Mais l'attouchement d'un... condamné...

Mme DE SALNÉ, *lui tendant la main*. Gaston, votre main...

GASTON. Ah! tant de bonté... Monsieur, le récit que je voulais vous faire, je le ferai devant elle, qui ne me méprise pas encore, devant madame, qui me méprise déjà, devant vous, qui plaignez et ne méprisez jamais.

VERNAUT. Ne craignez-vous pas que ce récit...?

GASTON. C'est la dernière fois que je la vois, bon prêtre... Permettez-vous, madame?

Mme DE SALNÉ. Je vous en prie.

GASTON. Je serai long, madame; mais, comment me résoudre à vous laisser croire que je fus un criminel justement frappé par le glaive des lois? non, madame, et je dois commencer mon long récit par ces mots: Je suis innocent.

VERNAUT. Pauvre jeune homme!

Mme DE SALNÉ. Parlez, je vous écoute.

GASTON. Je ne vous parlerai de ce bal de Saint-Germain, où je vous vis pour la première fois, que pour vous rappeler une Espagnole, que depuis vous avez revue une fois, Lenida Paraviédès.

Mme DE SALNÉ. Oh! je la revis bien souvent en songe!... me lançant des regards de colère... de jalousie...

GASTON. Elle en avait le droit, madame, car.... je l'avais connue en Espagne, vers l'année 1823. Jeune étourdi, en pays ennemi, le désir de jeter un intérêt dans mon existence de jeune soldat, voilà la cause de cette liaison; mais avoir une pensée froide calculée de blesser un homme au vif, d'empoisonner sa vie par les lentes angoisses d'une jalousie concentrée! jamais. Dieu m'est témoin que, si j'eusse calculé toute la portée du mal que je commettais, sans en avoir la conscience, je ne l'aurais pas fait; et pourtant cette faute qui ne fut pas la mienne, mais celle de mon âge, est la cause de mon malheur; car le mari découvrit tout. Mais, trop dissimulé, il emmena sa femme en France et j'oubliai cette intrigue d'un jour. L'armée revint, je revis Paraviédès et sa femme; elle était Espagnole, passionnée, et nous renouâmes cette intrigue criminelle. C'est vers cette époque que je vous vis, madame, et un instant me fit connaître que je n'avais pas encore aimé. J'osai prétendre à votre main... mais j'étais pauvre: Paraviédès, avec une bonté qui me fit rougir, se chargea de quadrupler mon faible patrimoine, qui fut employé à une spéculation. Oh! combien je détestais alors ma conduite!.. Je lui étais dévoué de cœur. Mais la nouvelle de ma ruine arrive, celle de votre mariage la suit. Alors je me retirai dans un misérable village, fuyant les hommes, n'en aimant qu'un; il avait toujours été si bon pour moi... je lui devais dix mille francs; j'avais pris des engagemens envers lui, l'époque approchait; mais j'étais tranquille; il savait que j'étais ruiné; il ne me tourmenterait pas; lorsqu'un jour... ah! tout mon sang se glace: Paraviédès, tu rendras compte devant Dieu de cette infamie!

VERNAUT. Allons, calmez-vous...

GASTON. C'est juste, j'ai besoin de rassembler mes forces. Un jour... le calme de ma retraite est troublé par des gens de justice; ils s'emparent de moi... et je me vois traîné devant les tribunaux sous l'incom-

préhensible accusation de... faux! moi... moi faussaire!

Mme DE SALNÉ. Pauvre Gaston!

GASTON. Oui, accusé de faux en écriture de commerce. Ce même jour, où l'un de mes billets à l'ordre de Paraviédès échéait, on s'était présenté chez un banquier pour recevoir un effet qui fut arrêté comme faux; ce billet, signé faussement du nom du banquier, avait plusieurs endos; en première ligne venait le mien, après celui de Paraviédès... oui le mien y était écrit en toutes lettres, c'était ma signature, et pourtant ma main ne l'avait pas tracée, un art infernal l'avait reproduite; toutes les signatures étaient réelles, sauf celle du banquier et la mienne. Paraviédès prétendit avoir reçu de moi ce billet... un éclair de sang jaillit à mes yeux... le coup partait de lui.

VERNAUT. Mais n'a-t-on pas fait vérifier par des experts?

GASTON. Ils déclarèrent unanimement que la signature de l'endos était la mienne. Moi, imbu des principes religieux que ma mère avait jetés dans mon ame, moi, noble de naissance et de cœur, je fus condamné comme faussaire à cinq ans de travaux forcés... j'ai passé une heure attaché au pilori; j'ai passé les cinq plus belles années de la vie d'un homme un triangle de fer au cou, des chaînes de fer aux pieds, un costume infâme sur les épaules; le fouet a menacé mon dos; j'ai eu pour frère le rebut, la lie de l'espèce humaine; et cela pour une étourderie de jeune homme dont je ne sentais pas la portée... Ah! mon Dieu! mon Dieu! Et cependant je crois toujours en toi.

VERNAUT, *d'un ton inspiré.* Oui, croyez en lui.... Gaston.... dépeignez-moi cet homme!

GASTON, *fouillant dans son portefeuille.* Voilà ses traits infâmes.

VERNAUT, *jetant un coup-d'œil sur la maison rouge.* C'est lui.

Mmes DE SALNÉ *et* **D'OMBRÉ.** Qu'avez-vous?

VERNAUT. Rien.

GASTON, *à part.* Que signifie... ce regard lancé sur cette habitation?

VERNAUT. Attendez-moi ici... Vous, mesdames, rentrez chez moi... que personne ne vous voie... Gaston!.. espérez.

Il entraîne les deux dames.

SCENE VI.

GASTON, *puis* **PARAVIÉDÈS.**

GASTON. Un frisson s'empare de moi...

cet homme à la maison rouge dont on me parle... ce regard du pasteur... il faut.... Holà! ouvrez!

PARAVIÉDÈS, *entrant*. Est-ce vous... ministre de Dieu?.. Gaston!

GASTON. Paraviédès!

PARAVIÉDÈS, *partant d'un éclat de rire sauvage*. Il y a cinq ans que nous ne nous sommes vus!

GASTON. Paraviédès!

PARAVIÉDÈS. Tes beaux cheveux bouclés... où sont-ils donc, Gaston?

GASTON, *se précipitant sur lui*. Paraviédès!..

PARAVIÉDÈS, *riant toujours*. Ah! tue-moi si tu veux... je suis content... (*lui montrant un poignard*) et cependant si je voulais.... oh! mais non... tue-moi, Gaston... que je passe de vie à trépas dans un moment de bonheur!..

GASTON, *le lâchant*. La main d'un forçat est encore trop noble pour toi.

PARAVIÉDÈS. Ah! que je te regarde encore... ces traits hâves, livides... oh! oui, oh! oui, tu as bien souffert!.. je suis content!

GASTON. Peux-tu te réjouir ainsi du malheur d'un innocent?

PARAVIÉDÈS, *s'animant*. D'un innocent! toi, un innocent!.. et la vie d'un honnête homme détruite, son honneur foulé aux pieds... le cœur de sa femme enlevé... par qui?.. par toi!.. et tu te dis innocent!... Les voilà ces assassins de salons... mille fois plus dangereux qu'un assassin de grande route... car celui-ci se contente de tuer, de voler... après celui-là un autre....et tout est dit... mais vous, c'est bien pis.... vous circonvenez la victime... vous l'enlacez... vous faites filtrer peu à peu dans son cœur le poison de l'adultère...vous déshonorez femme, mari; vous raillez leur malheur, et vous vous dites innocent!.. Savez-vous le résultat de votre action, Gaston?.. j'étais heureux, ma femme était heureuse!.. vous m'avez fait éprouver une agonie de plusieurs années... une femme, jusqu'alors respectée, a été chassée de chez moi... elle est morte dans un hospice, seule... elle qui avait dix valets à son chevet...Voilà, voilà ce que vous avez fait, et vous vous dites innocent!

GASTON. Ne pouviez-vous, les armes à la main?....

PARAVIÉDÈS. Ah! les voilà!.. ils ont déshonoré... ils veulent tuer...Moi... moi, trompé, trahi!.. j'aurais remis ma vengeance aux hasards d'un duel?.. et la main qui s'était portée sur ma femme m'aurait envoyé la mort à moi... moi, le mari,

parce que je n'avais pas voulu prendre mon parti...

GASTON. Pouviez-vous penser que jamais j'aurais attenté à vos jours?

PARAVIÉDÈS. Encore mieux... il m'eût épargné... il m'eût dit.... je t'ai enlevé le bonheur, je te donne la vie, nous sommes quittes... Non, tu m'as déshonoré... je t'ai déshonoré... et que ton exemple serve à quiconque jouera avec les droits les plus sacrés de la religion, de l'honneur et de la nature.

GASTON, *avec douceur*. J'ai agi sans réflexion...

PARAVIÉDÈS. C'est juste... à vingt-cinq ans on est encore un enfant.

GASTON. Paraviédès, vous convenez donc que j'étais innocent du crime de faussaire?

PARAVIÉDÈS, *après avoir regardé de tous côtés*. Tout a été fait par moi... ta ruine, c'est moi qui l'ai causée... ta condamnation... c'est moi qui l'ai provoquée... oui, c'est moi...c'est moi...regarde-moi donc... mon air joyeux t'ôtera jusqu'au moindre doute... oui, oui, Gaston, c'est moi.

GASTON. Oh! alors, tant de souffrances ont dû vous attendrir... Eh bien! l'infamie, les fers... j'oublierai tout, mais réhabilitez-moi...Oh! ne craignez rien... je ne ferai usage de vos déclarations que lorsque vous serez loin de la France... n'êtes-vous pas encore assez vengé?

PARAVIÉDÈS, *riant d'un rire sauvage*. Non, pas encore...

GASTON. Que voulez-vous encore?

PARAVIÉDÈS. Que ton agonie dure jusqu'à ta mort... vois-tu, la mienne est là.... je ne puis l'en arracher; mais j'ai peu de temps à vivre... toi, tu vivras long-temps... tu as si bien supporté ton état de forçat.... Noble Gaston, garde-du-corps de la compagnie de Grammont!.. ah! ah! ma joie! ma joie ne m'étouffe pas... que je le regarde encore!..

GASTON, *désespéré*. Eh bien! puisque tu ne veux pas prononcer ma réhabilitation... puisque nous sommes tous deux à l'apogée du malheur... que les armes décident.....

PARAVIÉDÈS. Ah! ma main peut encore tenir une épée, mais la croiser contre celle d'un forçat... jamais...

GASTON. Sais-tu que tu déshonores ce sang Castillan dont tu es si fier?

PARAVIÉDÈS. Hein?

GASTON. Espagnol dégénéré... la lâcheté va s'inscrire sur ton arbre généalogique...

PARAVIÉDÈS. Gaston!... (*Se remettant.*) Mais non, je ne me battrai pas.

GASTON. Sais-tu que je puis oublier ton âge? sais-tu que la main d'un forçat peut s'imprimer sur la joue d'un noble Castillan?... bats-toi, Paraviédès... ou le galérien te crache au visage !

PARAVIÉDÈS. Ah ! c'est trop fort... O patronne de ma famille ! fais, non pas que je le tue, mais que je le blesse de manière à ce qu'il ait sur le corps la marque perpétuelle du bagne de la société, comme il a eu celle du bagne de la justice.

GASTON. Tu te battras donc enfin.

PARAVIÉDÈS. Oui... Tiens, dans ce jardin... où tes lettres sont suspendues dans une boîte de plomb... ça te donnera du courage... de te battre pour Lenida de Paraviédès, morte à l'hôpital... Oui, viens, viens... Oh ! sois tranquille, je ne te tuerai pas... tu n'as que trente ans...

Ils sortent.

SCENE VII.

Les Mêmes, GUISGNAC, RIBIÉ, Villageois.

GUISGNAC. Par ici, vous autres... le diable qui empoigne notre galérien.

RIBIÉ. Guisgnac, voilà une excellente occasion de servir le gouvernement ; arrêtez l'homme à la maison rouge.

GUISGNAC. Mon pouvoir s'étend sur les hommes, sans distinction ; on me dirait de vous arrêter, que je vous arrêterais sans façon... mais, arrêter le diable, ça n'entre pas dans mes attributions !

RIBIÉ. Ah ! le diable !... c'est un prétexte... vous avez peur.

GUISGNAC. Peur ! non... mais parlons d'autre chose... Notre pasteur vient de nous faire dire de nous rendre tous au presbytère, allons-y... et..

RIBIÉ. Certainement ; nous y allons ; mais ça n'empêche pas que vous avez peur.

GUISGNAC. Encore... eh bien ! je vais vous prouver que non... Ah ! ah ! au nom de la loi... ouvrez cette porte... On ne répond pas... une fois, deux fois...

RIBIÉ. Trois fois.

GUISGNAC. Silence... (*Au travers du trou de la serrure.*) Cette dernière fois ne compte pas... je vais reconnaître... (*Il redescend.*) Allons-nous-en...

TOUS. Qu'est-ce qu'il y a donc ?

GUISGNAC. Si vous saviez ce que je viens de voir.

TOUS. Quoi ?

GUISGNAC. Chut ! le curé nous attend... je remettrai l'arrestation à un autre moment...

RIBIÉ. Mais nous direz-vous...

GUISGNAC. Il a une épée flamboyante à la main... il vient de ce côté... craignez... craignez l'homme à la maison rouge.

TOUS. L'homme à la maison rouge !

Ils rentrent en désordre au presbytère.

SCENE VIII.
GASTON, PARAVIÉDÈS.

Paraviédès est désarmé, Gaston est pâle.

PARAVIÉDÈS, *s'attachant à lui.* La mort ! la mort !.. deux fois désarmé par toi... la mort... Gaston !

GASTON. L'honneur, Paraviédès, l'honneur !..

PARAVIÉDÈS. L'honneur !.. tu ne le recouvreras jamais..... tu as été flétri..... tu mourras flétri.

GASTON. Eh bien !.. maintenant, ce n'est pas un ordre... c'est une prière... oui, Paraviédès, je vous demande pardon, je me jette à vos genoux... vous fûtes assez vengé... eh bien ! rien que pour elle, pour celle que j'aime... un mot de vous... qu'il déclare que je fus injustement condamné..... qu'elle l'entende de votre bouche... après... je m'éloigne à jamais de la France... l'honneur, Paraviédès ! l'honneur !

PARAVIÉDÈS. L'honneur ! rends-moi le mien, Gaston.

GASTON. Vous l'avez vu..... deux fois votre vie fut en mes mains, et je n'ai pas frappé.

PARAVIÉDÈS. Ah ! voilà ce que je craignais le plus... te devoir la vie... Gaston ! tue-moi... ou dans les feuilles publiques, ton nom va reparaître encore : on y lira : Gaston, ex-garde-du-corps, Gaston, le faussaire, a passé tel jour en telle ville... je te suivrai partout. Partout où l'on demandera quel est cet homme ? une voix implacable criera derrière toi : c'est Gaston le faussaire, le forçat !.... me tueras-tu enfin ?

GASTON, *hors de lui.* Oui ! je te tuerai. (*Il va pour se précipiter l'épée haute sur lui ; il jette son épée.*) Contre un ennemi sans armes, jamais...

PARAVIÉDÈS. Tu n'en as pas le courage, eh bien ! je l'aurai pour toi ; Gaston, j'emporte dans la tombe mon secret et ton honneur.

Il tire son poignard et se tue.

GASTON. Arrête, arrête..... avant de mourir dis que je suis innocent...

PARAVIÉDÈS. Oui, je le dis, parce que personne ne nous écoute... mais il est trop tard pour...

Il tombe.

GASTON. Paraviédès ! Paraviédès ! mort ! Ah ! ce dernier coup me manquait !

SCÈNE IX.

Les Mêmes, FANNY, Mme D'OMBRÉ,
VERNAUT, RIBIÉ, GUISGNAC,
Paysans.

VERNAUT. Tenez-vous en silence, attendez, soyez attentif au moindre signe. Ah! (*Apercevant Gaston qui ne voit, n'entend rien.*) Jeune homme, votre réhabilitation approche; l'auteur de tous vos maux est ici.

GASTON, *d'un ton sombre.* Je le sais.

VERNAUT. J'ai fait à dessein venir plusieurs témoins pour que sa rétractation soit authentique. Entrons chez lui.

GASTON. Il n'est pas chez lui.

VERNAUT. Où est-il donc?

GASTON. Là... mort.

VERNAUT. Assassiné!

GASTON. Vous pourriez croire... c'est juste... un galérien!

VERNAUT, *avec reproche.* Gaston... mais peut-être... oui... il fait quelques mouvemens... Eloignez-vous... du silence.

Il le fait rejoindre les autres.

PARAVIÉDÈS. O mon Dieu! je meurs, je le sens .. mais, du moins, mon secret meurt avec moi.... Mais mourir sans les secours de la religion....

VERNAUT, *lui touche sur l'épaule.* L'éternité vous réclame, pécheur.

PARAVIÉDÈS. Quelle voix! Oh! c'est vous!.. Dieu soit béni!

VERNAUT. Pécheur, tu vas mourir.

PARAVIÉDÈS, *effrayé.* Déjà?

VERNAUT. Tu vas mourir; mais pas de rémission pour tes péchés. Dieu sera inexorable comme tu le fus... Tu n'as qu'un instant pour obtenir ton pardon... hâte-toi. (*Il ne répond pas.*) Paraviédès, ne m'entendez-vous pas?

PARAVIÉDÈS. Mon nom? Qui vous l'a dit?

VERNAUT. Le pouvoir qui me révèle le mystère de votre vie... Confessez-vous, pécheur, il en est temps. (*Paraviédès veut se jeter à genoux, il ne peut pas.*) Un grand crime a été commis par vous.

PARAVIÉDÈS. Plus bas.

VERNAUT. Ce crime fut expié par un autre que par vous.

PARAVIÉDÈS. Silence!

VERNAUT. Une volonté de démon a attaché un innocent au poteau de l'infamie!..

PARAVIÉDÈS. Ah!

VERNAUT. Cette volonté inexorable a conduit cet innocent au bagne! confessez-le à moi et à tous... c'est la seule voie de salut qui vous soit offerte... choisissez! l'éternité dans le ciel, ou l'éternité dans l'enfer!

PARAVIÉDÈS, *troublé.* L'enfer!.. l'enfer!..

VERNAUT. Sauvez votre ame, il en est temps encore... Paraviédès, c'est Dieu qui te parle par ma voix.

PARAVIÉDÈS. Grâce! grâce!

Tout le monde s'approche.

VERNAUT. Vous avez fait un faux billet?

PARAVIÉDÈS. Oui.

VERNAUT. Vous l'avez endossé du nom d'un autre, et l'innocent fut condamné... le nom de l'innocent!.. dites-le?

PARAVIÉDÈS. C'est!.. oh! ne l'exigez pas.

VERNAUT. Le ciel ou l'enfer!.. Paraviédès!..

PARAVIÉDÈS. Oh! non, non... grâce.... son nom?.. Gaston de Savigny.

Mouvement général.

VERNAUT, *aux témoins.* Vous venez de l'entendre... Maintenant, homme touché par la pénitence... que Dieu te fasse paix!

PARAVIÉDÈS. Serais-je pardonné?

VERNAUT. Oui.

PARAVIÉDÈS. Ah! mon Dieu!.. je...

Il meurt.

GASTON, *un genou devant Fanny.* Madame, ce n'est que pour vous que je voulais ma réhabilitation..... maintenant, adieu.

Mme DE SALNÉ. Gaston, vous ne partirez pas seul.

GASTON, *avec joie.* Il se pourrait!

VERNAUT, *avec force.* De la joie... près d'un mort!... à genoux, tous, et prions Dieu pour lui!

Tous se mettent à genoux. Le rideau tombe sur ce tableau.

FIN.

IMPRIMERIE DE Ve DONDEY-DUPRÉ, RUE SAINT-LOUIS; 46, AU MARAIS.